ADOLPHE JOANNE

GÉOGRAPHIE

DE

LA HAUTE-MARNE

12 gravures et une carte

Joanne, Adolphe
Géographie de la Haute-Marne

HACHETTE ET CIE

GÉOGRAPHIE

DU DÉPARTEMENT

DE LA

HAUTE-MARNE

AVEC UNE CARTE COLORIÉE ET 12 GRAVURES

PAR

ADOLPHE JOANNE

AUTEUR DU DICTIONNAIRE GÉOGRAPHIQUE ET DE L'ITINÉRAIRE
GÉNÉRAL DE LA FRANCE

PARIS

LIBRAIRIE HACHETTE ET Cie

79, BOULEVARD SAINT-GERMAIN, 79

1881

Droits de traduction et de reproduction réservés.

TABLE DES MATIÈRES

DÉPARTEMENT DE LA HAUTE-MARNE.

I	1	Nom, formation, situation, limites, superficie.	3
II	2	Physionomie générale	5
III	3	Cours d'eau	8
IV	4	Climat	20
V	5	Curiosités naturelles	21
VI	6	Histoire	22
VII	7	Personnages célèbres	38
VIII	8	Population, langue, culte, instruction publique	40
IX	9	Divisions administratives	41
X	10	Agriculture; productions	45
XI	11	Industrie; mines	46
XII	12	Commerce, chemins de fer, routes	50
XIII	13	Dictionnaire des communes	53

LISTE DES GRAVURES

1	Langres	7
2	Porte gallo-romaine, à Langres	23
3	Bourbonne-les-Bains	25
4	Vassy	33
5	Établissement thermal de Bourbonne	47
6	Viaduc de Chaumont	51
7	Hôtel de ville de Chaumont	55
8	Petit-Château de Joinville	59
9	Cathédrale de Langres	61
10	Château du Pailly	63
11	Château du Pailly (cour intérieure)	65
12	Église de Vassy	69

1923. — Imprimerie A. Lahure, rue de Fleurus, 9, à Paris.

DÉPARTEMENT
DE LA
HAUTE-MARNE

I. — Nom, formation, situation, limites, superficie.

Le département de la Haute-Marne doit son *nom* à sa situation sur le cours supérieur de la Marne, rivière qui y prend sa source et qui y coule pendant plus de 125 kilomètres.

Il a été formé, en 1790, par fractions bien inégales, de quatre des provinces dont se composait alors la France. D'après l'excellent *Dictionnaire de la Haute-Marne ancienne et moderne* de M. E. Jolibois, la **Champagne** a fourni 486 communes et 549,118 hectares (*Bassigny*, *Perthois* et *Vallage*), la **Bourgogne** 50 communes et 40,355 hectares, la **Lorraine** 51 communes et 27,379 hectares, la **Franche-Comté** 3 communes et 5,148 hectares.

Il est *situé* dans la région est de la France, au sud-est de Paris, dont il est séparé par trois départements, Aube, Seine-et-Marne et Seine-et-Oise; son chef-lieu, Chaumont-en-Bassigny, est à 262 kilomètres au sud-est de la capitale par le chemin de fer, à 215 seulement à vol d'oiseau. Deux départements, la Côte-d'Or et la Nièvre, le séparent du Cher, qui peut être considéré comme occupant le centre de la France; un seul département, les Vosges, le sépare actuellement de l'Allemagne (Alsace-Lorraine). Trois le séparent de la Manche: la Marne, l'Aisne et la Somme; sept le séparent de l'océan Atlantique: l'Aube, l'Yonne, le Loiret, Loir-et-Cher, Indre-et-Loire, Maine-et-Loire et la Loire-Inférieure; enfin six le séparent de la mer Méditerranée: la Côte-d'Or, Saône-et-Loire, le Rhône, la Loire, l'Ardèche et le Gard, ou, sur une autre ligne, sept, la Côte-d'Or, Saône-et-Loire, l'Ain, l'Isère, la Drôme, Vaucluse et les Bouches-du-Rhône. Il est traversé, du nord au sud, à l'est et très près' de Langres, par le 3e degré est du méridien de Paris. Dans le sens contraire, c'est-à-dire de l'ouest à l'est, il est coupé, entre Langres et Chaumont (un peu plus près de cette dernière ville), par le 48e degré de latitude nord. Il est donc plus éloigné de l'Équateur que du Pôle, séparés l'un de l'autre par 90 degrés ou par un quart de cercle. Chaumont est à peu près sous la même latitude que Colmar, Épinal, Bar-sur-Seine, Sens, Châteaudun, le Mans, Laval, Vitré, Rennes, Pontivy, Quimper-Corentin ; à peu près sous la même longitude que Bar-le-Duc, Dijon, Louhans, Bourg-en-Bresse, Nyons, Carpentras.

La Haute-Marne est *bornée :* au nord-est, par le département de la Meuse ; à l'est, par celui des Vosges ; au sud-est, par celui de la Haute-Saône ; au sud et au sud-ouest, par celui de la Côte-d'Or ; à l'ouest, par celui de l'Aube ; au nord-ouest, par celui de la Marne. Sauf sur quelques points, ses frontières sont conventionnelles, c'est-à-dire arbitrairement tracées en rase campagne, sans tenir aucun compte des obstacles naturels tels que rivières, massifs, lignes de faîte.

Sa *superficie*, de 621,968 hectares, dépasse de quelques milliers d'hectares la surface moyenne des départements français : sous ce rapport, c'est le 36e département de la France ; en d'autres termes 51 (y compris le Territoire de Belfort) sont plus petits. Sa *longueur* la plus grande, du nord-nord-ouest au sud-sud-est, est d'environ 150 kilomètres. Sa *largeur*, de l'ouest à l'est, varie beaucoup : elle est de 10 à 12 kilomètres sous le parallèle de Saint-Dizier, de 40 un peu au nord de Doulaincourt, d'environ 60 sous le parallèle de Chaumont, de 65 à peu près sous celui de Langres. Sa *forme* est celle d'un ovale irrégulier allongé. Son *pourtour*, en ne tenant pas compte d'une foule de sinuosités secondaires, peut être estimé par approximation à 470 kilomètres.

II. — Physionomie générale.

Bien que faisant partie de la grande ligne de faîte européenne, c'est-à-dire de l'arête séparant les eaux qui descendent à l'Atlantique de celles qui coulent à la Méditerranée, le département de la Haute-Marne est peu élevé au-dessus du niveau des mers.

Sa plus haute colline — on n'ose pas dire sa plus haute montagne — se nomme le **Haut-du-Sec** : elle se dresse à 14 kilomètres en ligne droite au sud-ouest de Langres, à 12 kilomètres environ à l'est-est-nord d'Auberive, à une petite distance de la source de l'Aujon, tributaire de l'Aube. Elle a 516 mètres d'altitude, la neuvième partie du Mont-Blanc (4810 mètres), qui est le plus haut sommet non seulement de la France, mais aussi de l'Europe.

Le point le plus bas du territoire, l'endroit où la Voire passe dans le département de l'Aube, étant à 110 mètres environ, la pente totale du département est donc de 406 mètres, soit, en nombre rond, de 400.

Le **Mont-Saule**, qui domine les sources de l'Aube, a 512 mètres; et un certain nombre de coteaux atteignent 450 et 500 mètres.

Le Haut-du-Sec, le Mont-Saule et les autres collines de ce massif se dressent sur le **Plateau de Langres**, qui fait partie de la grande ligne de faîte européenne : il sépare, en effet, le bassin du Rhône, tributaire de la Méditerranée, de celui de la Meuse, affluent de la mer du Nord, et de celui de la Seine, affluent de la Manche. Ce plateau, formé de calcaires (lias et oolithe), est triste d'aspect, battu des vents, froid en hiver, raviné d'innombrables vallons où la nature se montre un peu plus riante, le climat moins âpre. Vers les sources de la Meuse, au nord-est de Langres, il change son nom pour prendre celui de monts Faucilles.

Les **monts Faucilles** ne s'étendent pas seulement dans la Haute-Marne; ils appartiennent surtout au département des

Vosges, où ils donnent naissance à la Saône et à des affluents de la Moselle. Leur direction est la même que celle du Plateau de Langres, du sud-ouest au nord-est ; ils sont formés de calcaires, de craies, de trias. Dans une de leurs ramifications s'élève la troisième cime de la Haute-Marne, la **montagne de la Mothe** (506 mètres), à laquelle son isolement donne quelque grandeur ; voisine des frontières du département des Vosges, elle domine à une assez grande hauteur le vallon du Mouzon ; elle portait jadis une ville, nommée la Mothe.

Du Plateau de Langres et des monts Faucilles, que dans le langage de la contrée on nomme la **Montagne** par opposition au **Bassigny** ou bas pays, le sol descend par une pente rapide au sud, le long des rivières et des ruisseaux du bassin du Rhône ; tandis qu'au nord, le long des cours d'eau du bassin de la Seine et du bassin de la Meuse, il s'abaisse beaucoup plus lentement. De ce côté, il forme de monotones plateaux, généralement secs, arides, mais qui portent de vastes et magnifiques forêts : aussi le département de la Haute-Marne est, et de beaucoup, l'un des plus boisés de la France entière ; sur une surface de moins de 622,000 hectares, il en compte 187,000 en bois : soit plus du quart de son étendue. On doit citer avant tout les *forêts d'Auberive* (dont la plus vaste est le *bois de Montavoir*), parcourues par l'Aube et l'Aujon naissants ; la *forêt d'Arc*, séparée de la *forêt de Châteauvillain* par le val d'Arc-en-Barrois, où coule l'Aujon ; la *forêt de Clairvaux*, dont la Haute-Marne n'a que quelques versants, au-dessus de la rive gauche de l'Aube (elle appartient surtout au département de l'Aube) ; la *forêt de l'Étoile*, au-dessus de la rive droite de la Blaise ; la *forêt de Blinfey*, entre la rive gauche de cette même rivière et les sources du Ceffondez ; la longue *forêt du Der*, qui domine les prairies de la rive gauche de la Blaise et va s'unir, à l'ouest, dans la Marne et dans l'Aube, à d'autres bois, de plus en plus diminués, qui couvraient autrefois tout cet ancien pays de Der, dont le nom est resté à Montier-en-Der ; la *forêt du Val*, au nord-nord-est de Vassy, qui, sans la vallée de la Blaise, formerait

Langres.

un seul et même massif avec la forêt du Der : elle s'étend jusqu'à la rive gauche de la Marne au-dessus de Saint-Dizier ; la *forêt du Pavillon*, sur les collines à l'est-nord-est de Doulaincourt ; la *forêt du Heu*, à l'ouest-nord-ouest d'Andelot, entre la Marne et le Rognon ; la *forêt d'Écot*, que parcourt un affluent du Rognon, la Sueure, etc.

Les chefs-lieux de département, d'arrondissement et de canton de la Haute-Marne, sont situés : Langres, à 478 mètres d'altitude ; — Clefmont, à 471 ; — Bourmont, à 452 ; — Montigny-le-Roi, à 438 ; — Nogent-le-Roi, à 411 ; — Varennes-sur-Amance, à 360 ; — Auberive, à 355 ; — Neuilly-l'Évêque, à 353 ; — Fayl-Billot, à 340 ; — la Ferté-sur-Amance, à 329 ; — Prauthoy, à 325 ; — Chaumont-en-Bassigny, à 320 ; — Longeau, à 310 ; — Saint-Blin, à 294 ; — Juzennecourt, à 286 ; — Arc-en-Barrois, à 272 ; — Bourbonne-les-Bains, à 270 ; — Andelot, à 260 ; — Châteauvillain, à 227 ; — Vignory, à 220 ; — Chevillon, à 220 ; — Doulaincourt, à 220 ; — Doulevant, à 220 ; — Poissons, à 200 ; — Joinville, à 190 ; — Vassy, à 180 ; — Saint-Dizier, à 134 ; — Montier-en-Der, à 123.

III. — Cours d'eau.

Le département de la Haute-Marne se partage en trois bassins, qui sont, par ordre d'étendue, le bassin de la Seine, le bassin du Rhône, le bassin de la Meuse.

Le bassin de la Seine, dans la Haute-Marne, est plus grand que les deux autres réunis.

Bassin de la Seine. — La **Seine** ne touche pas le département : au point où elle s'en rapproche le plus, à Mussy-sur-Seine, elle en est encore à 16 kilomètres en ligne droite.

Ce fleuve a un cours de 776 kilomètres, dans un bassin de 7,730,000 hectares, ce qui est un peu plus du septième de la France. Sept millions d'hommes vivent dans ce bassin, dont un tiers à Paris et autour de Paris.

Née dans l'ancienne Bourgogne, dans le département de la

Côte-d'Or, par 471 mètres d'altitude (c'est, à 7 mètres près, la hauteur de Langres au-dessus du niveau de la mer), elle coule vers le nord-ouest, en décrivant de nombreux détours, surtout en aval de Paris : c'est même, dans son cours inférieur, une des rivières les plus sinueuses de la France. Elle baigne neuf départements : Côte-d'Or, Aube, Marne (très peu), Seine-et-Marne, Seine-et-Oise, Seine, Eure, Seine-Inférieure, Calvados ; elle arrose Châtillon, Bar, Troyes, Nogent, Montereau, Melun, Corbeil, Paris, Mantes, les Andelys, Elbeuf, Rouen ; et, s'élargissant à partir de Quillebeuf, se déverse dans la Manche, entre le Havre et Honfleur, par un estuaire large de 12 kilomètres. Elle apporte en moyenne à la mer 694 mètres cubes ou 694,000 litres d'eau par seconde. La marée se fait sentir jusqu'à 25 kilomètres en amont de Rouen ; et cette grande ville, située à 116 kilomètres de la mer, reçoit des navires de 1,200, 1,500, 1,700 tonneaux et même plus.

C'est par l'Ource, l'Aube et la Marne que le département de la Haute-Marne envoie à la Seine les eaux de la plus grande moitié de son territoire.

L'**Ource**, rivière dont on estime le cours à une centaine de kilomètres, n'en a qu'un peu plus de 15 dans le département de la Haute-Marne : elle y entre, au sortir de la Côte-d'Or, à moins d'un kilomètre de sa source, qui jaillit au pied du Mont-Aigu (500 mètres) ; elle y baigne trois ou quatre villages du canton d'Auberive, et rentre dans la Côte-d'Or, d'où elle passe dans l'Aube. Elle a son embouchure (rive droite) dans la banlieue de Bar-sur-Seine, où elle débite, à l'étiage, c'est-à-dire à la suite des longues sécheresses, 1,346 litres par seconde.

L'**Aube**, autre affluent de droite, est plus importante que l'Ource. Quand elle s'unit à la Seine, après un cours de 225 kilomètres, elle l'égale au moins en longueur, si même elle ne la dépasse pas, et elle roule certainement une masse d'eau égale, sinon supérieure ; à l'étiage, elle lui apporte environ 5,500 litres par seconde d'une eau admirablement claire, comme le dit le nom même de cette rivière, venu d'*alba*, mot latin qui signifie la *Blanche*.

L'Aube a sa source dans la Haute-Marne, sur le versant nord du Plateau de Langres, dans le massif très boisé qui relie entre eux les deux coteaux les plus élevés du département, le Haut-du-Sec et le Mont-Saule; sa principale source, peu abondante, sort d'un vallon que domine au sud une colline portant des bois nommés forêt de Maigre-Fontaine. L'Aube, déjà grossie d'un certain nombre de ruisseaux, passe devant un village qui lui doit son nom, Auberive; elle baigne Rouvres, Aubepierre (qui lui doit aussi son nom), Dancevoir, et quitte la Haute-Marne pour entrer dans la Côte-d'Or, où elle arrose Montigny. Rentrée dans la Haute-Marne, elle n'y reste pas longtemps et l'abandonne définitivement en aval de la Ferté, par un peu plus de 200 mètres d'altitude. C'est à peine si elle y coule pendant 60 kilomètres, en deux tronçons; elle y alimente de nombreux moulins, des usines, et y reçoit de belles fontaines, le pays qu'elle y traverse étant formé de roches perméables, de calcaires essentiellement favorables à la création de grandes sources, et malheureusement aussi à l'épuisement des rivières, à cause de l'existence de nombreuses fissures dans le lit des cours d'eau. Aussi l'Aube perd-elle, par certaines fentes du sol, une partie du tribut que lui versent ses fontaines, et il en est de même de la Seine, de l'Ource, de l'Aujon, de la Marne supérieure. Passant de la Haute-Marne dans le département de l'Aube, l'Aube y baigne Bar, Arcis, et pénètre dans le département de la Marne pour s'y perdre bientôt dans la Seine, à Marcilly, par 70 mètres d'altitude. Son débit (étiage) est de 1,165 litres par seconde aux forges de Saint-Bernard, et de 3,546 au moulin d'Anglure. Ses affluents ayant une partie de leur cours dans la Haute-Marne sont l'*Aubette* ou *petite Aube*, rivière qui, presque tout entière dans la Côte-d'Or, a son embouchure près de Dancevoir (rive g.), l'Aujon et la Voire, tributaires de droite.

L'**Aujon** (549 litres par seconde au moulin du bas de Maranville) naît au nord et près du Haut-du-Sec; coulant vers le nord-nord-ouest, c'est-à-dire dans la direction de l'Aube, il serpente entre la forêt d'Arc et celle de Châteauvillain, passe à Arc-en-Barrois, à Châteauvillain, et se jette dans l'Aube près de Clairvaux, bourg célèbre par sa maison de détention. Son cours est de 70 kilomètres. Comme l'Aube, il met en mouvement des usines et des forges. Il a pour affluents diverses grandes fontaines et, sur la rive droite, trois ruisseaux : l'*Orges*, issue d'une source puissante ; le *Brauzé* et la *Renne*. En été, l'Aujon, perdant ses eaux dans les fissures du calcaire, cesse parfois de couler en amont de Châteauvillain ; mais il renaît devant cette ville par la source intarissable des *Abimes*, qui jaillit dans un fort beau parc.

La **Voire** (60 kil.) commence dans la forêt du Der, à Bailly-aux-Forges ; mais ses sources sont à une dizaine de kilomètres en aval, dans le vallon de Sommevoire, comme l'indique assez le nom de ce bourg, qui veut dire origine, tête de la Voire. Augmentée de la *fontaine de Guichaumont*, qui ne donne pas moins de 192 litres par seconde à l'étiage, elle coule dans une vallée humide, autrefois comprise tout entière dans cette immense forêt marécageuse du Der, qui s'étendait, dit-on, jusqu'aux portes de Troyes. Elle baigne Montier-en-Der, reçoit près de Montier-en-Der le Ceffondez, la Droye à Puellemontier, et passe dans l'Aube, après un cours d'environ 55 kilomètres, en amont du confluent de la Laine, à l'embouchure du ruisseau de l'étang de la Horre, vaste pièce d'eau que se partagent les deux départements de la Haute-Marne et de l'Aube. Tous ses grands affluents reçus, la Voire débite à l'étiage, au moulin de Rosnay, 512 litres par seconde seulement ; mais son *module* ou débit moyen est bien plus considérable. Parmi ses tributaires, le *Ceffondez* ou Ceffondet s'appelle d'abord *Stond* ou *Biernes* ; malgré ses 30 kilomètres, il a peu ou il n'a point d'eau en été ; le plus grand village qu'il arrose est Ceffonds, près de Montier-en-Der. — La *Droye* (30 kilomètres) sort de la forêt du Der ; elle recueille de nombreux déversoirs d'étangs et s'unit à l'*Héronne* (24 kilomètres), qui, venue de la même forêt, se grossit de la même manière, par des émissaires d'étangs. — La *Laines* ou *Soulaines* (50 kilomètres) arrive du département de l'Aube : là, elle a pour principale origine la fontaine de Soulaines, d'où sort tantôt un simple ruisseau, tantôt, après les longues pluies, une rivière donnant 3,000 litres par seconde; aussi nomme-t-on souvent ce cours d'eau le *Ru de la fontaine de Soulaines*. Dans la Haute-Marne, la Laines passe au pied du coteau de Longeville.

La **Marne** a pour origine, à 5 kilomètres en ligne droite au sud-sud-est de Langres, la fontaine de la Marnotte, assez abondante, qui jaillit à 381 mètres d'altitude, au pied de collines de 450 à près de 500 mètres, un peu en amont du village de Balesmes. Coulant vers le nord-nord-ouest, elle a pour premier affluent la Liez, qu'elle reçoit au bas du haut coteau de Langres; à Humes elle se grossit de la Mouche; à Rolampont elle s'unit au Val-de-Gris; en aval de Foulain elle s'augmente de la Traire; enfin, après avoir contourné le massif qui porte Chaumont-en-Bassigny, elle recueille, au-dessus de *Condes* (ce mot, d'origine celtique, veut dire *confluent*), les eaux de la Suize, rivière qui passe au pied de Chaumont; mais, comme dans le bassin supérieur de la Marne la nature des roches est peu favorable aux sources, la rivière est très faible en été devant Chaumont. On a vu son débit descendre à 170 litres seulement par seconde au bas de cette ville, et la Suize ne la grossit guère, venant de terrains également pauvres en belles fontaines : il y a des jours d'été où son débit s'abaisse à 11 litres par seconde.

Mais la Marne, entrant bientôt dans une région où les sources sont abondantes, grandit rapidement; malheureusement les usines qui lavent du minerai de fer salissent ses eaux. Elle passe à Bologne, laisse à gauche Vignory et baigne Donjeux : là elle roule 1,000 litres d'eau par seconde à l'étiage, volume que le Rognon double, ou peu s'en faut. Elle reçoit le Rongeant entre Joinville et Thonnance, se grossit de l'Osne à Curel, laisse à une petite distance à droite le bourg de Chevillon, baigne Eurville, reçoit la Cousance à Chamouilley, et devient navigable au confluent de l'Ornel, à Saint-Dizier, c'est-à-dire à 364 kilomètres de son embouchure dans la Seine. A 12 ou 13 kilomètres en aval de Saint-Dizier, un peu en

amont de Perthes, bourg qui fut jadis un centre important
(il a donné son nom au Perthois), elle quitte la Haute-Marne
pour entrer dans la Marne, par un peu plus de 120 mètres
d'altitude; en ce point elle débite environ 3,000 litres par
seconde aux eaux les plus basses.

De sa sortie du département de la Haute-Marne jusqu'à son
embouchure dans la Seine à Charenton par 20 mètres au-
dessus des mers, la Marne coule dans cinq départements :
Marne, Aisne, Seine-et-Marne, Seine-et-Oise, Seine; elle reçoit
la Saulx, rivière d'un étiage de 2,500 litres par seconde qui
a sa source dans la Haute-Marne; elle baigne Vitry-le-François,
traverse la Champagne Pouilleuse, arrose Châlons, Épernay,
Château-Thierry, la Ferté-sous-Jouarre, Meaux et quelques
unes des plus jolies petites villes de la banlieue de Paris.
Dans la partie inférieure de son cours, elle est extrêmement
sinueuse. Sur bien près de 500 kilomètres de développement,
elle en a plus du quart dans le département où elle prend sa
source. Son bassin est d'un peu moins de 1,300,000 hectares
(plus de deux fois l'aire de la Haute-Marne) ; son étiage n'est
guère que de 11 à 12 mètres par seconde, mais ses crues
sont de 600, 800, parfois, mais très-rarement, de 1,000 ; le
module est de 75.

Outre les affluents que nous avons cités en décrivant son
cours jusqu'à Saint-Dizier, — la Liez, la Mouche, le Val-de-
Gris, la Traire, la Suize, le Rognon, le Rongeant, l'Osne, la
Cousance et l'Ornel, — la Marne reçoit, en aval des limites du
département, deux rivières qui appartiennent plus ou moins
à la Haute-Marne : la Blaise et la Saulx, celle-ci formée par
deux branches, la Saulx et l'Ornain, qui toutes deux ont leurs
sources dans l'arrondissement de Vassy.

La *Liez*, affluent de droite, est un peu plus longue que la
Marne : au confluent, celle-ci n'a guère parcouru que 8 kilomètres, la Liez en compte plus de 10.

La *Mouche*, affluent de gauche, a sa source dans le plateau
que domine le Haut-du-Sec. Longue de 18 kilomètres à
peine, elle n'en fait pas moins mouvoir un grand nombre

d'usines. Elle reçoit le *Morgon*, et la *Bonnelle*, qui coule au pied de Langres, dans le faubourg de Brevoines.

Le *Val-de-Gris*, tributaire de droite, long de 24 kilomètres, a son embouchure à Rolampont. Il passe à Neuilly-l'Évêque : d'où son autre nom de *rivière de Neuilly*.

La *Traire* ou *Treire*, affluent de droite, a près de 30 kilomètres de longueur. Elle coule au bas de Nogent-le-Roi, et au pied des rochers qui portent le pittoresque bourg de Poulangy.

La *Suize*, qui afflue par la rive gauche, à 2,500 mètres en aval de Chaumont, naît dans le plateau du Haut-du-Sec, à 2 kilomètres seulement de la source de l'Aujon. Son cours est de 45 à 48 kilomètres. Après avoir arrosé huit bourgs ou villages, elle vient contourner le coteau de Chaumont, en passant sous les piles d'un viaduc haut de 50 mètres, long de 600 mètres, l'un des plus grandioses de l'Europe.

Le **Rognon**, tributaire de droite, commence à 3,500 mètres au nord-ouest de Montigny-le-Roi, en amont du village d'Is-en-Bassigny. Long de 65 kilomètres, peu sinueux dans sa partie supérieure, tortueux dans sa partie moyenne et dans son cours inférieur, il arrose le petit pays anciennement nommé l'Ornois, dont Reynel était le bourg le plus grand. Il passe au bas de la colline de Morteau, la commune la moins peuplée de toute la France (elle n'a que *quinze* habitants) ; contourne le coteau d'Andelot, baigne Doulaincourt, qui a succédé à Donjeux comme chef-lieu de canton, et va tomber dans la Marne à 1,200 ou 1,500 mètres en aval de cette dernière localité. Le Rognon porte environ 1,000 litres d'eau par seconde à l'étiage (exactement 908), débit qui lui permet de doubler ou à peu près le volume de la Marne. Il doit la constance de son débit aux nombreuses et abondantes fontaines de sa moyenne et de sa basse vallée. En été, il perd une partie de ses eaux ; mais il se reforme aux environs d'Andelot par de fort belles sources. Son seul affluent de quelque importance est la *Sueure*, qu'il reçoit à 2 kilomètres au-dessous d'Andelot. La Sueure, dont le vallon est également riche en belles fontaines, reste généralement à sec dans sa partie supérieure. L'origine de son val est dans la forêt de Clefmont; son cours constant commence en amont d'Écot. Elle passe à Rimaucourt, dont le parc lui envoie de belles eaux de source. Elle a pour tributaire la *Manoise*, qui sort du cirque du Cul-du-Cerf, espèce de profond entonnoir ouvert d'un côté, l'un des sites les plus grandioses de la Haute-Marne : ce cirque fait le fond du vallon d'Orquevaux. — Manoise, Sueure et Rognon mettent en mouvement de nombreuses usines, notamment des moulins et des forges.

Le *Rongeant*, ruisseau à forges de 16 à 18 kilomètres de cours seulement, est un affluent de droite. Né dans le même massif que la Saulx, il reçoit le *Tarnier* à Noncourt, la *Pissancelle* à Poissons. Il a son embouchure dans la banlieue de Joinville. Alimenté par des sources constantes, il roule 431 litres par seconde à l'étiage, au hameau du Rongeant.

L'*Osne*, ruisseau de 6 ou 7 kilomètres, naît à Osne-le-Val, passe aux forges de Val-d'Osne, et a son embouchure à Curel, rive droite.

La *Cousance* est un tributaire de droite fort court (moins de 10 kilomètres), mais que d'abondantes sources empêchent de tarir en été. Une grande partie de son cours appartient au département de la Meuse. Elle se termine à Chamouilley. Son nom s'écrit aussi : *Couzance*.

L'*Ornel* (12 kilomètres) vient de la Meuse ; il a son embouchure à Saint-Dizier (rive droite).

La **Blaise**, qui a 80 kilomètres de cours, est l'une des rivières de la France qui font mouvoir le plus grand nombre de forges. Elle naît à Gillancourt, à 1,500 mètres à gauche de la route de Chaumont à Bar-sur-Aube, et arrose plus de trente localités, dont les plus importantes sont Juzennecourt, Blaise, Cirey-le-Château, Doulevant-le-Château, Vassy, Éclaron. Son embouchure est dans le département de la Marne, à l'est de Saint-Remy-en-Bouzemont. Affluent de gauche de la Marne, elle reçoit le *Blaiseron* ou *Petite-Blaise*, long d'un peu plus de 20 kilomètres, et la *Maronne*. Près de la Mothe-en-Blaisy et près de Curmont, deux puits naturels lui versent des eaux à la suite des grandes pluies, quelquefois avec abondance. Ces sortes de sources occasionnelles ne sont pas rares dans une grande partie de la Haute-Marne. La Blaise n'est pas considérable en été; elle peut ne rouler, à Éclaron, que 350 litres par seconde.

La **Saulx**, grand affluent de droite de la Marne, qu'elle rejoint près de Vitry-le-François, n'a guère que 18 à 20 kilomètres dans la Haute-Marne (son cours total étant d'environ 120). Elle prend sa source à Germay, dans un massif de collines dont les plus hautes n'ont pas 450 mètres; à Harméville elle remplit un étang de 27 hectares. Au-dessous de Paroy, elle quitte le département, après avoir mis en mouvement diverses usines, dont quelques forges.

L'**Ornain**, son principal tributaire, aussi abondant qu'elle et plus long de 25 kilomètres, appartient à la Haute-Marne par la source d'une de ses deux branches mères, l'*Oignon*, source que 4 kilomètres au plus séparent de celle de la Saulx. L'Oignon passe à la Neuville-aux-Bois, commune du canton de Poissons.

Bassin du Rhône. — Le **Rhône** ne touche point le territoire de la Haute-Marne : au point où il en est le plus rapproché, à Genève en Suisse, au fort de l'Écluse en France, il est éloigné de 175 kilomètres environ à vol d'oiseau de la frontière méridionale du département. Il sort d'un grand glacier en Suisse, à 1,753 mètres d'altitude, au pied de montagnes de 3,000 à 3,600 mètres de haut. Après avoir arrosé le Valais, il forme le lac de Genève, d'où il sort à Genève même, extraordinairement pur et bleu, pour recevoir aussitôt l'Arve qui descend du Mont-Blanc, passer en France et percer les chaînons du Jura. A Lyon, il se grossit de la Saône et il prend la direction du sud; puis, baignant Vienne, Valence, Avignon, Arles, il entoure de ses deux grands bras la fameuse Camargue ou delta du Rhône, et se perd dans la Méditerranée à l'ouest-nord-ouest de Marseille. Ses plus forts affluents sont, outre la Saône, l'Ain, l'Isère, la Drôme, la Durance. Sa longueur est de 812 kilomètres.

Il apporte à la mer 550 mètres cubes ou 550,000 litres d'eau par seconde en temps d'étiage, 1,718 (d'après quelques géographes, 2,000 et jusqu'à 2,600) en moyenne, avec des crues énormes, soudaines, dépassant 10,000, 12,000 mètres par seconde. — C'est par la Saône que le Rhône reçoit les eaux du département de la Haute-Marne.

La **Saône** ne touche pas non plus le département : à la distance la plus courte, à Châtillon (Vosges), au confluent de l'Apance, elle n'en est d'ailleurs qu'à 1,500 mètres à peine. Cette grande rivière a 455 kilomètres de cours dans un bassin qui dépasse 3 millions d'hectares. Née dans les monts Faucilles, par 396 mètres au-dessus des mers, elle baigne Gray, Châlon, Mâcon et s'unit à Lyon, au Rhône, plus court qu'elle d'une cinquantaine de kilomètres, mais beaucoup plus abondant, la Saône ne débitant à ce confluent (162 mètres d'altitude) que 22 mètres cubes par seconde aux eaux très basses, et 55 en eaux maigres. Mais, comme les crues de la Saône sont très fortes (jusqu'à 4000 mètres cubes), la rivière a un module considérable, qui atteint 432 mètres par seconde. — Le département de la Haute-Marne envoie à la Saône l'Apance, l'Amance, la Rigotte, le Saulon, la Vingeanne, la Venelle, la Tille.

L'*Apance*, affluent de droite, a 40 kilomètres de cours. Elle descend des monts Faucilles, passe au pied de la haute colline escarpée qui porta le château d'Aigremont, laisse à 2 kilomètres à gauche le bourg de Serqueux, arrose Bourbonne-les-Bains, Fresnes, et pénètre dans les Vosges pour atteindre presque aussitôt la Saône, à Châtillon.

L'**Amance**, affluent de droite, dont le cours approche de 60 kilomètres (la plus grande partie à la Haute-Marne, la plus petite à la Haute-Saône), a son origine dans le Plateau de Langres. Suivie par le chemin de fer de Paris à Bâle, elle coule dans une riche vallée aux versants tantôt boisés, tantôt plantés de vignobles. Elle dépasse Hortes et baigne la colline de la Ferté. Dans la Haute-Saône, elle reçoit la Jacquenelle, issue de belles sources, et passe devant Jussey.

La *Rigotte* est un faible ruisseau qui, venant de la Haute-Saône, baigne Farincourt. Un peu en aval de ce village, au-dessous de la forge de la Houzette, elle se perd sous terre aux Endousoirs, après un cours d'une douzaine de kilomètres. A 6 kilomètres à l'ouest des Endousoirs, au bas d'un moulin, s'engouffre aussi le *ruisseau de Tornay*, long de 10 kilomètres au plus. Ces deux pertes sont l'origine d'une jolie petite rivière du département de la Haute-Saône, le **Vannon**, qui sort d'un gouffre profond, à 4 ou 5 kilomètres au sud-sud-ouest des Endousoirs.

Le **Salon** ou *Saulon* naît à une dizaine de kilomètres en ligne droite à l'est-sud-est de Langres, dans un ravin que domine la route de Langres à Vesoul, au-dessus de Culmont. Il passe entre Chalindrey et Torcenay, et reçoit à gauche le *Faÿs*, qui baigne Fays ou Fayl-Billot et Buxières-lès-Belmont; à Coublanc, il se grossit, à droite, de la *Resaigne*, née au Pailly, près de Chalindrey. Son cours dans la Haute-Marne est d'une trentaine de kilomètres, et, dans la Haute-Saône, où il arrose Champlitte et Dampierre, d'environ 35 : soit en tout 65 kilomètres pour ce tributaire de droite.

La **Vingeanne**, affluent de droite, prend sa source à 5 kilomètres à vol d'oiseau de celle de l'Aube, au bas d'un coteau de 503 mètres, dans le massif du Mont-Saule, non loin d'Aprey ; elle traverse de nombreuses mais petites bourgades, et reçoit un grand nombre de ruisseaux, qui, du reste, sont courts et peu abondants. L'un d'eux passe à Longeau, un autre passe à Prauthoy; un troisième, le *Ru de Chassigny*, se perd, avant de l'atteindre, à la *Fosse des Endousoirs* (c'est, comme on voit, le même nom que celui de l'entonnoir où disparaît la Rigotte). Le plus considérable de tous est le *Badin* (18 kilomètres), que la *Coulange* grossit à Isômes. Après un cours d'environ 35 kilomètres, la Vingeanne quitte le département de la Haute-Marne pour parcourir encore 45 kilomètres, dans une vallée étroite, sinueuse, dont les prairies sont belles.

La *Venelle* naît au pied même du Mont-Saule, à Vaillant.

Elle passe bientôt dans la Côte-d'Or, comme la **Tille**, qui naît également dans le massif du Mont-Saule. Dans la Côte-d'Or, la Venelle se perd sous terre avant d'atteindre la Tille; et, près de là, celle-ci, qui est un assez long affluent de droite de la Saône, laisse aussi filtrer une partie de ses eaux : telle est l'origine de la grande et belle source qui donne naissance à la **Bèze**, tributaire de droite de la Saône.

BASSIN DE LA MEUSE. — La **Meuse** sort d'une fontaine des monts Faucilles, dans le canton de Bourbonne-les-Bains, à Pouilly, à 409 mètres au-dessus de la mer. Elle coule d'abord vers l'ouest, comme pour aller rejoindre la rive droite de la Marne entre Langres et Chaumont; mais, près du village qui porte précisément le nom de *Meuse*, elle tourne au nord. Sa vallée supérieure s'appelait spécialement le Bassigny, nom qui s'est, avec le temps, étendu jusqu'à Chaumont.

Laissant Montigny-le-Roi à 2,500 mètres à gauche, sur une haute colline, et à peu près à la même distance et du même côté, Clefmont, également sur un coteau élevé, la Meuse ne passe que devant une seule ville de la Haute-Marne, Bourmont; encore ne baigne-t-elle point cette ancienne place, juchée, comme Montigny et Clefmont, sur une hauteur escarpée; elle n'arrose que le faubourg du Pont. Après un cours de 50 kilomètres environ, elle quitte le département où elle a reçu le Flambart et où l'un de ses principaux affluents supérieurs, le Mouzon, a une partie de son cours.

La Meuse traverse ensuite les trois départements des Vosges, de la Meuse, des Ardennes; elle baigne Neufchâteau, Commercy, Verdun, Sedan, Mézières-Charleville. Quand elle passe de France en Belgique, elle a parcouru 500 kilomètres (sur un cours total de 893), dans un bassin de 750,000 hectares. En ce point elle roule 27 mètres cubes d'eau par seconde, et 600 à 700 en crue. Son module est de 79.

En Belgique, elle baigne Namur et Liège; en Hollande, elle se mêle au bras du Rhin et garde fort injustement son nom jusqu'à la mer du Nord, car le Rhin est plus abondant qu'elle.

Le *Flambart*, affluent de droite, n'a pas 20 kilomètres de longueur. Il forme l'étang au bord duquel s'élevait la fameuse abbaye de Morimond et passe à Breuvannes.

Le **Mouzon** ou *Petite-Meuse*, long de plus de 55 kilomètres, a presque tout son cours dans les Vosges. Il y naît dans le canton de Lamarche, et s'y perd dans la ville de Neufchâteau. Dans la Haute-Marne son cours est de 7 à 8 kilomètres : il y passe, entre Soulaucourt et Sommerécourt, au pied d'une montagne isolée, de 506 mètres au-dessus des mers, qui portait une ancienne ville forte, la Mothe, l'une des plus redoutables forteresses de la Lorraine, détruite en 1645. Cette remarquable colline commande le Mouzon de près de 200 mètres.

IV. — Climat.

Par sa *latitude*, la Haute-Marne appartient à la zone tempérée. Par ses *altitudes*, comprises entre 110 et 516 mètres, il est soumis à un certain nombre de climats locaux, car, plus un lieu est élevé au-dessus de la mer, plus la température en est froide en hiver, plus elle y est sujette à des changements brusques. En outre, plus une localité est éloignée de la mer, plus le climat y est froid, brusque, extrême ; plus elle en est rapprochée, plus la température y est clémente en hiver, plus elle y est constante, plus elle y est douce dans la moyenne de l'année. Aussi a-t-on divisé les climats en climats *continentaux* et climats *maritimes*.

Au point de vue climatologique, on partage d'habitude la France en sept climats, dont quatre maritimes et trois continentaux.

Les quatre climats maritimes sont : le *climat parisien* ou *climat séquanien* (de *Sequana*, nom latin de la Seine), qui règne à Paris ; le *climat breton* ou *armoricain* (à Brest), le *climat girondin* (à Nantes, Bordeaux, Bayonne), le *climat méditerranéen* (de Perpignan à Nice). Les trois climats continentaux sont : le *climat vosgien* (à Épinal), le *climat lyon-*

nais ou *rhodanien* (de *Rhodanus*, nom latin du Rhône), qui règne à Lyon, et le *climat auvergnat* ou *limousin* (à Saint-Flour, à Rodez, à Limoges).

La Haute-Marne n'appartient pas à un seul de ces climats. Dans l'ensemble, le nord du pays, l'arrondissement de Vassy, relève du climat *séquanien;* le sud-est (sur le versant de la Saône), du *rhodanien;* l'est et le centre, du *vosgien*. La contrée la plus chaude est au sud et au sud-est, sur les affluents et sous-affluents de la Saône.

La moyenne annuelle de Chaumont, d'environ $10°5$, est un peu inférieure à celle de Paris, qui est un peu plus de $10°6$. Or Chaumont peut passer comme représentant assez bien la moyenne du département, car, si un certain nombre de bourgs et de villes, spécialement Langres, sont à des altitudes supérieures de 100 mètres et plus à celle du chef-lieu, beaucoup aussi sont à des altitudes inférieures de 100 mètres et au delà.

Si toute l'eau tombée du ciel pendant l'année restait sur le sol, sans être absorbée par lui ou vaporisée par le soleil, elle formerait, dans les douze mois, une nappe d'eau de 600 millimètres à Langres, à Chaumont, et en général dans le bassin de la Marne. Dans les bassins de l'Aube, de la Meuse, de la Saône, cette épaisseur serait un peu plus grande. Comme point de comparaison, la moyenne des pluies pour toute la France est d'au moins 770 millimètres. Le département de la Haute-Marne est donc, à ce point de vue, sensiblement au-dessous de la moyenne.

V. — Curiosités naturelles.

La Haute-Marne a des gouffres ou des rivières qui disparaissent (nous avons indiqué les principaux) pour reparaître plus loin; des puits naturels, des grottes, de profonds ravins, quelques cirques dont le plus fameux est le Cul-du-Cerf, près d'Orquevaux; quelques cascatelles, de fort beaux points de vue, souvent étendus jusqu'au cercle de l'horizon, et des sites charmants dans les vallées de ses rivières, dans les vallons de ses ruisseaux.

VI. — Histoire.

Le département de la Haute-Marne doit à sa situation sur le faîte de partage des eaux entre la Méditerranée, la Manche et l'Atlantique, une importance stratégique qui l'a rendu le théâtre de guerres et d'occupations nombreuses. Bien qu'il ait subi de fréquents envahissements, il a toutefois mieux conservé que d'autres contrées le souvenir des Gaulois, et sa ville principale garde encore son nom de cité des Lingons (Langres). Le nom celtique, qui paraît avoir été *Andemantunum*, s'effaça, comme tant d'autres, pour ne laisser subsister que celui du peuple. Les Lingons étaient limitrophes des Séquanes, des Rèmes, des Leuques (pays de Toul), des Tricasses (Troyes). Après Langres, le seul centre de population de quelque importance était Gorzum, le Châtelet, sur la frontière des Catalaunes.

Les Lingons se distinguèrent de bonne heure parmi les peuples gaulois, et les historiens romains nous les montrent unis aux Sénons dans les invasions en Italie. Un grand nombre d'entre eux, établis au delà des Alpes, prirent part aux guerres acharnées que soutinrent contre les Romains les Gaulois de la Gaule cisalpine. Faut-il attribuer à ces rapports très anciens des Lingons avec les Romains les liens qui paraissent avoir uni de bonne heure à ceux-ci les Lingons de la Haute-Marne? Ces peuples, connaissant les Romains de longue date, étaient-ils mieux disposés à admettre leur suprématie? César, dès son arrivée dans la Province romaine, agit comme s'il était sûr de l'amitié des Lingons. Le proconsul romain avait en effet refoulé les Helvètes, qui essayaient d'envahir la Gaule : il les avait rejetés dans les défilés du Jura; mais les Helvètes avaient pénétré sur le territoire des Éduens, alliés des Romains, et César était accouru pour leur livrer bataille près de Bibracte (Autun). Un grand nombre d'Helvètes se réfugièrent sur le territoire des Lingons, mais César défendit à ce peuple de leur livrer passage et de leur fournir des vivres; aussi les Helvètes capitulèrent près d'Allofroy, à ce que l'on présume, sur les bords de l'Aube, et se soumirent aux conditions que leur imposa César, qui les obligea à retourner dans leur pays.

Les Lingons demeurent les amis de César, à l'exemple des Rèmes, durant toutes les campagnes du général romain. Leur territoire lui servait de base pour ses opérations militaires,

Porte gallo-romaine, à Langres.

et il n'épargnait rien pour encourager la fidélité d'un peuple dont la révolte aurait pu couper les communications de ses légions. Dans la campagne d'Alésia, la fidélité des Lingons fut d'un grand secours au proconsul : il passa et repassa dans leur pays, qui lui permit de garder l'est de la Gaule et de ne pas abandonner le nord.

Langres n'eut donc point de peine à devenir une ville romaine. Aussi compta-t-elle de nombreux édifices, dont on y retrouve les traces et dont le plus magnifique spécimen est une porte triomphale qui frappe par la beauté de ses proportions et par l'heureuse disposition de ses détails. Le musée de Langres est un des plus riches de la France en antiquités romaines, et les inscriptions abondent qui témoignent de l'intérêt porté par les empereurs romains à la ville fidèle. Langres possédait à cette époque une industrie célèbre, celle des caracalles, capotes de gros drap à longs poils. Bourbonne-les-Bains existait aussi à l'époque gallo-romaine, car les Romains avaient habilement exploité la plupart des sources thermales de la Gaule. Bourbonne paraît avoir été consacrée à un dieu Borvo, ou Bormo, dont on a retrouvé une pierre d'autel au fond d'un puits, en même temps que des monnaies romaines d'or, d'argent, de bronze.

Les Lingons, qui n'avaient point pris part à la lutte de la Gaule contre les Romains, se soulevèrent longtemps après que cette lutte fut terminée. Dans le désordre qui suivit la mort de Néron, à la faveur des révolutions de Rome, où trois empereurs se succédèrent en deux ans (68-70 après J.-C.), un chef lingon, Sabinus, se para du titre d'empereur gaulois, tandis que le Batave Civilis soulevait les peuples du nord de la Gaule. Mais l'avènement de Vespasien déconcerta les révoltés, et l'énergie de cet empereur eut bientôt rétabli la paix. Sabinus se cacha pendant neuf ans avec sa femme Éponine dans un souterrain que l'on croit être celui qui existe à 20 mètres de la source de la Marne; découvert à la fin, il fut conduit à Rome, et Éponine, n'ayant pu obtenir sa grâce du César inflexible, demanda à partager le sort de son époux, donnant ainsi un exemple du plus admirable dévouement.

Le christianisme se répandit en Gaule par la vallée du Rhône, d'abord, et de la Saône. Saint Bénigne, l'apôtre de Dijon, se rendit, à la fin du deuxième siècle de l'ère chrétienne, dans le pays des Lingons, et c'est à lui qu'on fait remonter l'origine de l'Église de Langres; il aurait même,

Bourbonne-les-Bains

d'après certaines traditions, baptisé les saints Jumeaux, les premiers martyrs langrois. On fait commencer le catalogue des évêques de Langres à l'année 200 ; mais ce catalogue n'a rien d'authentique, et de savants auteurs rejettent même l'épiscopat de saint Sénateur, le premier évêque langrois, jusqu'à l'année 367. Toutefois, on place plus d'un siècle auparavant le martyre de saint Didier.

En effet, les nations germaines débordaient déjà sur l'Empire, et, en 264, les Alamans, sous la conduite de leur roi Crocus, vinrent mettre le siège devant Langres. L'évêque Didier se dévoua pour son peuple ; mais le roi barbare lui fit trancher la tête, se rendit maître de la ville et la livra au pillage. Beaucoup d'habitants, échappés au massacre, se retirèrent dans les forêts qui couvraient alors le pays, emportant avec eux les reliques de saint Didier ; ils s'arrêtèrent sur les bords de la Marne, élevèrent une chapelle en son honneur, et groupèrent leurs cabanes à l'entour : ce fut l'origine de Saint-Dizier.

En l'année 301, nouvelle invasion des Germains, nouveaux ravages : les barbares s'avancèrent jusqu'aux portes de Langres. Constance Chlore les battit sous les murs mêmes de la ville, et soixante mille cadavres restèrent, dit-on, sur le champ de bataille. Julien dut cependant repousser de nouvelles attaques ; mais bientôt rien ne put arrêter le torrent, et la grande invasion amena l'établissement de nouveaux peuples dans la Gaule.

Parmi ces peuples, les Burgondes furent les premiers qui se fixèrent sur un territoire donné, où ils formèrent un royaume dans lequel entra la plus grande partie de la Haute-Marne actuelle. Les Huns ne firent que passer en détruisant ce qui restait de vestiges de la civilisation romaine ; puis les Francs, s'étant emparés des bassins de la Somme et de la Seine, partagèrent avec les Burgondes le territoire que ces derniers avaient occupé. Un évêque de Langres, Aprunculus, aurait même, dit-on, servi d'intermédiaire pour le mariage de Clovis et de Clotilde, nièce de Gondebaud, roi des Bourguignons, mariage qui devait avoir de si graves conséquences. Le royaume des Francs ne tarda pas à englober le royaume des Burgondes (534). Du reste, à cette époque, dans cette contrée, la ville de *Perthes* devient la capitale d'un petit état donné à Mundéric, bâtard de Clovis. Quoique dévastée par les Huns, cette ville avait conservé assez d'importance pour être la résidence d'un prince franc. Mundéric voulut agrandir cet état et se révolta contre Thierry, roi de Metz. Assiégé dans la ville de Vitry-en-Perthois, il opposa d'abord la plus vive résistance ; mais, trompé par un des leudes de Thierry, qui vint lui faire des propositions pacifiques, il sortit, fut pris et massacré. Avec lui finit l'indépendance éphémère du Perthois.

La Haute-Marne, dans les partages qui suivirent la mort de Clotaire Ier, se trouva divisée entre les royaumes d'Austrasie et de Bourgogne. Pays frontière, elle vit souvent les armées neustrienne et austrasienne la traverser et subit tous les contre-coups de la sanglante rivalité des deux royaumes de Neustrie et d'Austrasie. En 587, à *Andelot*, qui faisait partie du royaume de Bourgogne, eut lieu une entrevue célèbre entre Childebert d'Austrasie et son oncle Gontran de Bourgogne. Le traité qui y fut conclu eut une importance particulière à cause d'un article relatif aux domaines ou bénéfices que les rois accordaient à leurs leudes ; ces bénéfices étaient révocables à volonté, et les leudes réussirent à se faire reconnaître la propriété des domaines qu'ils avaient reçus : c'était changer la nature des bénéfices, faire d'une récompense un droit, d'une faveur passagère une propriété. Aussi le traité d'Andelot est-il considéré comme un premier pas vers l'hérédité des bénéfices, qui devait avoir pour l'avenir de graves conséquences et préparer la féodalité.

Plus tard, lorsque Brunehaut, chassée de l'Austrasie et réfugiée en Bourgogne, excita l'un contre l'autre ses deux petits-fils Thierry (Bourgogne) et Théodebert (Austrasie), ce fut sur le territoire de Langres que se concentra l'armée bourguignonne. Thierry triompha de son frère près de Toul, puis à Tolbiac (610); mais lui-même mourut en 613, et Brunehaut, restée sans défense, fut livrée par les leudes au fils de Frédégonde, Clotaire II, qui la fit périr dans le plus affreux supplice.

L'histoire de Langres et des pays voisins n'offre aucun intérêt sous les Carlovingiens, qui cependant résident souvent dans la contrée, dotent des églises, des abbayes. On citait à cette époque l'abbaye de Saint-Geosmes, celles de Saint-Pierre de Langres, de Poulangy, du Der, etc. En 874, Charles le Chauve accorda aux évêques de Langres le droit de battre monnaie : les pièces de monnaie frappées à Langres s'appelaient *lingoins, lingonnes*. Sous le même règne, un évêque de Châlons, Erchanraüs, fonda l'abbaye de Saint-Urbain près de Joinville.

Malgré sa situation reculée, le territoire de la Haute-Marne n'échappa point aux ravages des Normands, qui désolèrent la contrée (891). Les populations cependant reprenaient courage, et les Normands essuyèrent une sanglante défaite près de Chaumont-en-Bassigny (911).

Les ravages des Normands, la faiblesse des Carlovingiens amènent une décomposition totale du royaume, qui se disloque en une multitude de petits états ou seigneuries. C'est l'époque féodale. Puissance reconnue depuis longtemps, les évêques de Langres continuent de dominer le pays et se constituent une vaste principauté ecclésiastique; puis on voit se former les maisons secondaires de Choiseul, d'Aigremont, de Clefmont, de Reynel, de Vignory, de Joinville, Nogent, Sexfontaines, Chaumont, Bourbonne, Saint-Dizier. La plupart de ces seigneurs reconnaissaient la suzeraineté des comtes de Champagne; mais les comtes de Bar, les ducs de Bourgogne étendaient aussi leur autorité dans la Haute-Marne. Les seigneurs du pays prirent une part active aux croisades : les comtes de Champagne emmenèrent, lors de la première croisade, sous leur bannière, les sires de Joinville, de Reynel, de Nogent, de Saint-Dizier. Dans l'une des assemblées qui eurent lieu à l'occasion de la seconde croisade, prêchée par saint Bernard, Godefroy, évêque de Langres, prononça un discours fort entraînant et il accompagna Louis VII en Terre Sainte.

Sous le règne de ce prince, un autre évêque de Langres, Gauthier de Bourgogne, craignant de tomber sous la dépendance des comtes de Champagne, donna son comté au roi de France (1179), et depuis cette époque la ville et le comté de Langres furent considérés comme faisant partie de la France. En retour, Louis VII donna à l'évêque le titre de duc, et comme les évêques de Langres étaient déjà admis, depuis le règne de Louis VI, parmi les pairs ecclésiastiques, le duché-pairie de Langres se trouva ainsi constitué.

Le mouvement communal qui, au moyen âge, réagit contre le despotisme des seigneurs, se fit sentir dans la Haute-Marne. Il y fut toutefois exempt des violences qui rendirent cette révolution célèbre. Les seigneurs cédèrent de bonne heure aux réclamations de leurs vassaux. Dès 1190, une charte d'Henri II, comte de Champagne, avait accordé aux habitants de Chaumont la coutume de la petite ville de Lorris, du comté de Blois. Guillaume de Dampierre affranchit, en 1228, la ville de Saint-Dizier. Puis furent affranchies les villes de Bourbonne (1204), de Clefmont (1248), de Bourmont (1248), etc. C'est aussi l'époque où se fondent les abbayes de Morimond (1114), de la Crète, de Septfontaines, de Belmont, d'Auberive, de Vaux-la-Douce, de Beaulieu, du Val des Écoliers, de Notre-Dame de Saint-Dizier, etc.

La Champagne, voisine de l'Ile-de-France, subissait de plus en plus l'influence de la royauté. Sa maison souveraine, qui avait compté des princes illustres, Thibault II le Grand (mort en 1152), Henri Ier le Libéral (mort en 1181), Henri II le Jeune (mort en 1197), Thibault III (mort en 1201), Thibault IV le Chansonnier, avait eu sans doute bien des démêlés avec les rois, mais les avait aussi servis souvent avec fidélité. Thibault IV, après avoir paru, à la mort du roi Louis VIII, devoir être l'appui des seigneurs ligués contre Blanche de Castille, régente au nom de son jeune fils Louis IX (1226), avait tout à coup changé de parti. Animé d'un de ces sentiments tendres que développait alors la poésie, il défendit Blanche de Castille, dame de ses pensées, et attira sur lui la colère des seigneurs, ses anciens alliés, qui vinrent ravager ses domaines. Mais Blanche défendit à son tour son chevalier et sauva la Champagne, qui avait sauvé la royauté. Thibault, d'ailleurs, hérita bientôt de la Navarre, et les préoccupations de sa maison se portèrent vers les Pyrénées, ce qui ne contribua pas peu à favoriser la réunion de la Champagne à la couronne. Cette réunion, préparée par le mariage de Jeanne, comtesse de Champagne, avec Philippe le Bel, fut accomplie à l'avènement de ce prince (1285), ou plutôt après la mort de Jeanne (1297).

C'était bien d'ailleurs un seigneur animé de sentiments français que ce bon sire de Joinville, sénéchal de Champagne. Sans doute, en plusieurs pages du livre charmant qu'il nous a laissé sur les vertus et les mérites de Louis IX, Joinville ne manque pas de faire remarquer qu'il n'était pas homme du roi, vassal du roi. Mais il n'en demeure pas moins le fidèle compagnon et conseiller de saint Louis, avec lequel il fit la croisade d'Égypte, et qu'il aidait parfois dans cette justice simple et familière que le roi rendait, soit dans le jardin de la Cité, soit au bois de Vincennes, à l'ombre d'un chêne. Joinville vécut assez longtemps pour voir la Champagne réunie au domaine royal ; il ne dut certes pas s'en affliger, lui qui est l'un de nos premiers chroniqueurs français : il ne regrettait qu'une chose, et on voit percer ce sentiment dans plusieurs passages, c'est que le royaume de France fût régi par un prince dans lequel il avait peine à reconnaître le petit-fils de l'honnête et aimable souverain dont il avait été le gai et spirituel compagnon.

La Champagne réunie à la France en partagea vaillamment toutes les épreuves. Lors de la guerre de Cent ans, elle eut à souffrir d'horribles ravages : après le désastre de Poitiers, elle eut sa *Jacquerie*. Des chefs de bandes pillent Vassy, Joinville, Montéclair. Ces désastres mêmes n'avaient pas arrêté les guerres privées que se faisaient les seigneurs : les Vergy contre les Choiseul d'Aigremont, les Dampierre contre les Beaufremont, les sires de Joinville contre les ducs de Lorraine. Fresnoy était incendié par Vergy, Vignory saccagé par Beaufremont, etc. Puis le comte de Montbéliard, à la tête d'une bande d'Allemands, se jetait sur la Bourgogne et dévastait tout jusqu'aux portes de Langres. Cette fois les nobles se réunirent pour chasser l'ennemi et, sous la conduite du fameux Cervolle, alors seigneur de Châteauvillain, repoussèrent les Allemands, et Guillaume de Poitiers, l'un des prélats les plus belliqueux qui aient occupé le siège de Langres, prit part à cette expédition.

Ces guerres avaient eu lieu même sous le règne réparateur de Charles V. La folie de Charles VI, la déplorable rivalité des Armagnacs et des Bourguignons, le renouvellement de la lutte contre les Anglais ne pouvaient qu'aggraver les maux de la Champagne. Divisée entre la Bourgogne et la Champagne, la Haute-Marne se trouve également partagée entre les Armagnacs et les Bourguignons ; mais ceux-ci ne tardèrent pas à prendre l'avantage. Le duc de Bourgogne pensionnait l'évêque de Langres, le bailli de Chaumont et les seigneurs qui possédaient les principaux fiefs de la contrée. Le parti bourguignon devint bientôt, après l'attentat du pont de Montereau (1419), le parti anglais, et les Anglais ne tardèrent pas à occuper la plupart des villes de la Haute-Marne : Nogent, Coiffy, Montigny-le-Roi, Châteauvillain. Mais Jeanne d'Arc, née sur les confins de la Haute-Marne, réveilla la France endormie. Charles VII, sacré à Reims (1429), reprit peu à peu ses provinces perdues. La réaction contre la domination anglaise se prononça de plus en plus. Langres se soumit en 1433; le sire de Châteauvillain, revenu également au roi national, travailla avec ardeur à reprendre aux Anglais et aux Bourguignons les châteaux qui leur avaient été abandonnés. Après le traité d'Arras (1435) et la réconciliation de Charles VII avec Philippe le Bon, Jean de Vergy s'occupa aussi de délivrer le pays qui fut enfin débarrassé des étrangers.

Ce n'était pas encore pourtant la fin des mauvais jours. Les

Écorcheurs parcoururent la Champagne sous la conduite de Villandras, de Chabannes et du bâtard de Bourbon. Langres tomba au pouvoir de ces bandes, et il fallut une vigoureuse campagne de Charles VII (1440) pour rétablir l'ordre et la paix. Le roi fit pendre les chefs des Écorcheurs et noyer dans l'Aube le fameux bâtard de Bourbon. En 1443, nouveaux ravages du comte de Montbéliard qui s'était uni aux Suisses ; mais le pays, après la bataille de Saint-Jacques (1444), respire au moins jusqu'aux dernières guerres de Charles le Téméraire. Ce prince, allant faire le siège de Nancy (1477), traverse comme un furieux le territoire de Langres ; sa mort amena enfin la chute de la seconde maison de Bourgogne, et la réunion définitive du duché de Bourgogne à la couronne. Les localités de la Haute-Marne qui étaient restées enclavées dans la Bourgogne firent retour à la France, et le territoire de la Haute-Marne cessa d'être divisé : il était tout entier français.

Sous le règne de Charles VIII et de Louis XII on vit s'établir, dans la Haute-Marne, au bailliage de Chaumont, la puissante famille d'Amboise. Les d'Amboise possédèrent bientôt toutes les grandes seigneuries, Vignory, Lafauche, Reynel, Sexfonfontaine, Blaise. Le siège épiscopal de Langres et la première magistrature du bailliage formaient des apanages de leur maison. Ils se distinguèrent dans les longues luttes engagées par les rois de France en Italie, mais cette illustre maison s'éteignit bientôt : Jacques d'Amboise fut tué à Marignan (1515), et son frère, le dernier héritier du nom, périt à la journée de Pavie (1525). Quant au pays, il revenait à la prospérité, lorsqu'il eut à souffrir de l'invasion des Impériaux en 1544. Charles-Quint s'empara par ruse de la ville de Saint-Dizier.

A la place de la famille d'Amboise s'élevait alors une autre maison, celle de Claude de Lorraine, devenu bientôt duc de Guise. Cette branche de la maison de Lorraine avait réuni à ses nombreux domaines la principauté de Joinville et devint alors très puissante dans la Haute-Marne. Ce fut même cette prépondérance de la maison de Guise dans cette partie de la Champagne qui fit de la Haute-Marne le premier théâtre des guerres religieuses. La Réforme en effet avait pénétré dans le pays, à Vassy, et le duc de Guise, se rendant de Joinville à la cour, passa par Vassy. Ses gens se querellèrent avec les huguenots assemblés au prêche dans une grange voisine de l'église où le duc entendait la messe ; on en vint aux mains. Le duc accourut pour apaiser le tumulte, il fut blessé d'un

Vassy.

coup de pierre au visage ; ses gens furieux engagèrent un véritable combat : soixante protestants furent tués et deux cents blessés. Ce fut le signal de la guerre civile. La lutte prit bientôt un caractère acharné : les protestants d'Allemagne vinrent au secours de leurs coreligionnaires. Après la mort de

François de Guise, assassiné sous les murs d'Orléans, son fils Henri de Guise devint le chef des catholiques et fit ses premières armes contre les reîtres allemands qui désolaient la Haute-Marne. Suspendue par des trêves menteuses, la guerre reprit avec plus de fureur après le massacre de la Saint-Barthélemy (1572). Les protestants s'emparèrent du château de Choiseul et s'y fortifièrent Ils songeaient à attaquer Chaumont et Saint-Dizier; mais le cardinal de Lorraine les prévint et dirigea contre Choiseul une expédition à laquelle prit part toute la noblesse catholique du pays. Les protestants se défendirent en désespérés, mais le château n'en fut pas moins enlevé et les prisonniers furent pendus (1573).

Lorsqu'Henri III revint de Pologne (1574) pour prendre possession de la couronne de France, il passa par Langres et Chaumont, qui se ruinèrent pour lui donner des fêtes. Les environs de ces villes n'en furent pas moins abandonnés aux reîtres allemands, quand, à la cinquième paix, le roi leur promit de l'argent s'ils voulaient se retirer. Ils attendirent l'argent promis dans le pays de Langres, qu'ils traitèrent comme un pays conquis. Les Guises cependant organisaient, de leur château de Joinville, cette vaste association restée trop célèbre sous le nom de Sainte-Ligue (1576). Ce fut à Joinville qu'ils signèrent un traité avec les émissaires de Philippe II, roi d'Espagne, traité par lequel les Ligueurs s'assuraient l'appui des Espagnols et introduisaient l'ennemi en France. Les habitants de Langres toutefois refusèrent leur adhésion à la Ligue : ils s'attachaient au parti de la tolérance, aux *politiques*, et forcèrent le clergé de la cathédrale à garder la neutralité. Chaumont était au contraire un centre d'action pour le parti des Guises et un conseil de Ligueurs s'y forma, qui communiquait avec celui de Paris. Après le meurtre du duc de Guise (1588), le duc de Mayenne vint à Chaumont pour exciter encore le zèle de ses partisans. Presque tous les châteaux étaient tenus par des capitaines ligueurs, de Saint-Dizier jusqu'à Montsaugeon. Langres demeura isolé ; toutefois, Henri IV y fut proclamé, tandis qu'à Chaumont on reconnaissait le vieux cardinal de Bourbon sous le nom de Charles X. La confusion et la misère générale furent extrêmes jusqu'en 1594; la conversion d'Henri IV facilita la réconciliation des partis: la soumission du jeune duc de Guise termina en Champagne la guerre civile et la tranquillité ne fut plus troublée que par les *Croquants* du Vallage, pauvres paysans qui prirent les armes au nombre d'environ quinze cents, pour se défendre contre les excès des gens de guerre (1596).

La Haute-Marne fut encore agitée, après la mort d'Henri IV, par la turbulence des nobles soulevés contre la régente Marie de Médicis. Chabut, Saulx-Tavannes et d'autres mécontents firent des courses dans le Bassigny (1616); mais bientôt une guerre plus sérieuse renouvela les malheurs de ce pays. Richelieu avait repris la grande politique d'Henri IV et engagé avec la Maison d'Autriche une lutte terrible. Au début de la période française de la guerre de Trente ans (1635), la Haute-Marne vit se concentrer les armées qui devaient faire face aux Lorrains et aux Impériaux. Les troupes françaises, commandées par La Valette et Weymar, étaient appuyées par des Suédois qui se conduisaient en ennemis plutôt qu'en alliés et qui rançonnaient horriblement le pays. Pendant plusieurs années la Haute-Marne fut ainsi occupée par des armées, ayant presque autant à souffrir de ses défenseurs que des Croates et des Lorrains. La ville de la Mothe, qui passait pour imprenable, avait été enlevée au duc de Lorraine en 1634. Elle lui avait été rendue ensuite; mais les Français en firent de nouveau le siège (1644-1645), s'en emparèrent après de sanglantes attaques et la détruisirent.

Les traités de Westphalie (1648) et des Pyrénées rétablirent la paix, qui ne fut plus troublée en Champagne: car la Lorraine, sans être encore réunie à la France, demeurait comme position militaire entre les mains de Louis XIV et couvrait la province, qui cessait d'être frontière. La réunion de la Franche-Comté au royaume couvrit encore la Champagne du côté de l'est et le pays put se livrer avec calme au développement de son agriculture et de son industrie. Sa prospérité reçut cependant une grave atteinte, sous Louis XIV, par la révocation de l'Édit de Nantes (1685). Les protestants étaient nombreux dans le Vallage ; ceux qui résistèrent à la propagande des missionnaires ou à la propagande plus efficace des dragons, quittèrent la France. La Haute-Marne perdit ainsi une partie de sa population industrielle. Les dernières années du règne de Louis XIV, les impôts nécessités par les guerres interminables, le terrible hiver de 1709, amenèrent de longues et dures souffrances.

Le dix-huitième siècle plus paisible fut marqué, dans la Haute-Marne comme ailleurs, par le développement de la philosophie, la diffusion des sciences, les manifestations de l'esprit moderne qui cherchait à réagir contre un gouvernement encore féodal. La Haute-Marne prenait part à ce mouvement littéraire car elle donna au dix-huitième siècle Diderot, le chef des encyclopédistes.

Les cahiers rédigés par les députés des trois ordres du bailliage de Chaumont aux États généraux de 1789 prouvent que les habitants de la Haute-Marne étaient préparés à la grande révolution. Le clergé des paroisses avait voté avec le peuple, et en majorité il prêta le serment exigé par la nouvelle Constitution, bien que son chef, l'évêque La Luzerne, député de Langres, se fût retiré de l'assemblée en protestant. D'ailleurs, le département nouveau, dont le chef-lieu avait été fixé à Chaumont, n'eut à déplorer aucun des excès qui marquèrent ailleurs l'année 1793. Les volontaires de la Haute-Marne se distinguèrent aux armées, notamment à la reprise des lignes de Wissembourg par le général Hoche, et la contrée fournit un notable contingent de soldats et de généraux qui portèrent si haut, jusqu'en 1814, la renommée de la bravoure française.

En 1814, les mauvais jours reparurent. La Haute-Marne, qui n'avait point vu de troupes ennemies depuis la guerre de Trente ans, devint, avec le département de la Marne, un des théâtres importants des opérations des armées alliées qui cherchaient à marcher sur Paris. L'armée austro-russe, sous le commandement de Schwartzemberg, avait traversé le Rhin, en violant la neutralité de la Suisse ; elle devait se réunir sur le territoire de la Haute-Marne à l'armée de Silésie, qui passa le fleuve sous les ordres de Blücher, entre Coblentz et Mayence. Schwartzemberg s'empara successivement de Langres (17 janvier) et de Chaumont, que les généraux français avaient évacués. Les Austro-Russes occupèrent tout le département. Cependant Napoléon était accouru à Châlons pour arrêter les Prussiens et Blücher. Le 26, il entrait dans Saint-Dizier, et le lendemain, après avoir délogé l'ennemi, il s'engageait dans la forêt du Der. La bataille de Brienne (29 janvier), celle de la Rothière (1er février) ne purent empêcher la jonction des deux armées. L'empereur de Russie, le roi de Prusse, l'empereur d'Autriche étaient à Chaumont. Ils s'en éloignèrent, mais les coups rapides frappés par Napoléon à Champaubert, à Montereau, à Montmirail, à Méry, forcèrent les souverains alliés à revenir à Chaumont (25 février). Le 1er mars, ils y signèrent un traité fameux par lequel ils resserraient leur union et se promettaient de lutter jusqu'au triomphe de leur cause. Cependant Napoléon, qui était rentré à Troyes, appelait aux armes les populations de la Champagne : il venait à Saint-Dizier, ses troupes rentraient à Chaumont. Après avoir livré, le 26 mars, un dernier combat aux Russes, il pensait continuer la manœuvre par laquelle il voulait couper les communications des alliés, lorsqu'il apprit le danger qui menaçait Paris. Il y courut, mais arriva trop tard. Paris capitula le 30 mars, et quelques jours après Napoléon abdiquait.

Lors de la fatale guerre de 1870, la Haute-Marne fut rapidement envahie. Langres était devenue une importante place de guerre ; sans doute les quatre forts détachés dont la construction avait été décidée depuis 1866 n'étaient pas terminés, mais ils purent protéger la place contre les surprises et les attaques des Prussiens. Les journaux allemands, les dépêches allemandes trahirent souvent la mauvaise humeur que causait aux envahisseurs la vieille cité des Lingons, qu'ils appelaient dédaigneusement la petite forteresse de Langres. Aux environs de Langres, les rencontres entre Prussiens et Français étaient nombreuses. Les Prussiens ne dépassèrent pas Longeau ; ils incendièrent quelques maisons à Nogent-le-Roi, et occupèrent Chaumont, qui devint un centre d'approvisionnement pour leur armée. Ils frappèrent le pays d'énormes contributions, surtout à la suite de la rupture du pont de Fontenoy, un exploit des francs-tireurs dont quatre départements furent rendus responsables. La jeunesse de la Haute-Marne, réunie dans les bataillons de mobiles, défendait Langres, où un trop grand nombre de soldats périrent victimes du froid et des épidémies. Elle aussi paya vaillamment sa dette à la patrie.

VII. — Personnages célèbres.

Premier siècle. — JULIUS SABINUS, compétiteur de Vespasien, tenta d'affranchir les Gaulois de la domination romaine ; mais vaincu, il subit le dernier supplice (an 78) avec sa femme Éponine, après avoir vécu neuf ans dans un souterrain.

Treizième siècle. — JEAN, sire DE JOINVILLE (1224-1319), né au château de Joinville, célèbre chroniqueur, a laissé des *Mémoires* qui sont un chef-d'œuvre de naïveté et de naturel, et dans lesquels il raconte les expéditions et l'administration intérieure de saint Louis.

Seizième siècle. — CHARLES DE LORRAINE, cardinal DE GUISE, connu sous le nom de *cardinal de Lorraine* (1524-1574), né à Joinville, fut chargé de l'administration des finances sous François II, joua un rôle important lors du concile de Trente et négocia le mariage de Charles IX avec Élisabeth d'Autriche. — GUILLAUME ROSE (1542-1602), né à Chaumont, évêque de Senlis, bien que prédicateur d'Henri III, fut l'un des partisans les plus fougueux de la Ligue. — HENRI Ier DE LORRAINE, troisième duc DE GUISE, prince *de Joinville*, pair et grand maître de France, gouverneur de Champagne et de Brie, né en 1550. Après avoir préparé le massacre de la Saint-Barthélemy, où il fit assassiner l'amiral de Coligny, il organisa la Ligue et n'aspirait à rien moins qu'à détrôner Henri III en sa faveur, lorsque celui-ci le fit assassiner au château de Blois (1588).

Dix-septième siècle. — Les trois peintres Tassel, nés à Langres, et dont le plus célèbre est Richard Tassel (1588-1666). — Le poète Pierre Lemoyne (1602-1672), né à Chaumont, connu par son poème de *Saint Louis.* — Nicolas Robert (1614-1685), peintre en miniature et graveur à la pointe, né à Langres. — Jean Barbier d'Aucour (1641-1694), né à Langres, littérateur, membre de l'Académie française. Lié avec les solitaires de Port-Royal, il fit une guerre active aux Jésuites.

Dix-huitième siècle. — Edme Bouchardon (1698-1762), né à Chaumont, sculpteur distingué. — Antoine Lebel (1709-1793), peintre paysagiste, membre de l'Académie, né au hameau de Montrot, près d'Arc-en-Barrois. — Denis Diderot (1713-1784), né à Langres, fut le principal auteur de l'*Encyclopédie.* — Jean-Baptiste Duvoisin (1744-1813), né à Langres, théologien, évêque de Nantes. — François Devienne (1759-1803), compositeur de musique, né à Joinville. — Philippe Lebon (1767-1804), chimiste, ingénieur, né à Brachay. Il a réussi (1803) le premier à appliquer le gaz hydrogène à l'éclairage.

Dix-neuvième siècle. — Pierre Petitot (1751-1840), sculpteur, né à Langres; membre de l'Institut. — Le général Defrance (Jean-Marie-Antoine, comte), né à Vassy (1771-1835). — Denis, duc Decrès (1761-1820), né à Chaumont, amiral, ministre de la marine sous le premier Empire. — Joseph-Antoine Bosc d'Antic (1764-1857), économiste, né à Aprey. — Vincent Lombard (1765-1830), littérateur, né à Langres. — Étienne-Gabriel Peignot (1767-1849), bibliographe et littérateur, né à Arc-en-Barrois. — Nicolas Viton, dit de Saint-Allais (1773-1842), généalogiste, né à Langres. — Jean-François Roger (1776-1842), auteur comique, membre de l'Académie française, né à Langres. — Charles-Guillaume Étienne (1778-1845), auteur comique, écrivain politique, membre de l'Académie française, né à Chamouilley. — Charles-Marie

Denys, comte de Damrémont (1783-1837), général, pair de France, s'illustra dans les campagnes du premier Empire, en Espagne et en Algérie, où il fut tué d'un boulet au siège de Constantine. — Claude-Louis Ziégler (1804-1856), peintre, a peint la demi-coupole de l'église de la Madeleine, à Paris. — Georges Darboy (1813-1871), archevêque de Paris, assassiné par les insurgés de la Commune. — M. Camille Flammarion, astronome distingué, né à Montigny-le-Roi, en 1842, vulgarisateur actif de la science astronomique.

VIII. — Population, langue, culte, instruction publique.

La *population* de la Haute-Marne s'élève, d'après le recensement de 1876, à 252,448 habitants (125,810 du sexe masculin, 126,638 du sexe féminin). A ce point de vue, c'est le 77e département. Malgré ses ressources industrielles et agricoles, le pays est un des plus faiblement peuplés de la France. Le chiffre des habitants divisé par celui des hectares donne environ 41 habitants par 100 hectares ou par kilomètre carré : c'est ce qu'on nomme *population spécifique*. La France entière ayant 69 à 70 habitants par kilomètre carré, il en résulte que la Haute-Marne renferme, à surface égale, 28 à 29 habitants de moins que l'ensemble de notre pays. Sous le rapport de la population spécifique, la Haute-Marne est le 81e département.

Depuis 1801, date du premier recensement officiel, la Haute-Marne a gagné 25,793 habitants.

La langue française est parlée dans tout le département ; il n'a conservé des anciens patois lorrain et bourguignon que la prononciation des mots, très accentuée à Langres, traînante à Joinville et à Saint-Dizier.

Presque tous les habitants sont catholiques : on n'y compte guère qu'un millier de protestants et environ 300 israélites.

Le nombre des *naissances* a été, en 1875, de 5820 (plus 269 mort-nés) ; celui des *décès*, de 5234 ; celui des *mariages*, de 1973.

La *vie moyenne* est de 42 ans 10 mois.

Le *lycée* de Chaumont a compté, en 1880, 600 élèves; les *collèges communaux* de Langres et de Vassy, 282; le *collège catholique* de Saint-Dizier, 150; le *petit séminaire* de Langres, 150; les *institutions secondaires libres* de Bourbonne, Joinville et Pierrefaite, 225; 854 *écoles primaires*, 38,096; 27 *salles d'asile*, 2194; 514 *cours d'adultes*, 7049.

Les opérations du recrutement, en 1877, pour la classe de 1876, ont donné les résultats suivants :

Ne sachant ni lire ni écrire.	64
Sachant lire seulement	5
Sachant lire, écrire et compter.	2,614
Bacheliers.	57
Dont on n'a pu vérifier l'instruction	19

Sur 45 accusés de crimes, en 1875, on a compté :

Accusés ne sachant ni lire ni écrire.	3
— sachant lire ou écrire imparfaitement. .	16
— sachant bien lire et bien écrire	25
— ayant reçu une instruction supérieure, .	1

IX. — Divisions administratives.

Le département de la Haute-Marne forme le diocèse de Langres (suffragant de Lyon). — Il ressortit : aux 2e et 4e subdivisions de la 7e région militaire (Besançon) ; — à la cour d'appel de Dijon ; — à l'Académie de Dijon ; — à la 9e légion de gendarmerie (Besançon) ; — à la 3e inspection des ponts et chaussées ; — à la 51e conservation des forêts (Chaumont) ; — à l'arrondissement minéralogique de Dijon (division du nord-est). — Il comprend trois arrondissements (Chaumont, Langres, Vassy), 28 cantons, 550 communes.

Chef-lieu du département : CHAUMONT.

Chefs-lieux d'arrondissement : CHAUMONT, LANGRES, VASSY.

Arrondissement de Chaumont (10 cant.; 195 com.; 79,858 h.; 244,857 hect.).

Canton d'Andelot (19 com.; 6,420 h.; 24,772 hect.). — Andelot — Blancheville — Bourdons — Briaucourt — Chantraines — Cirey-lès-Mareilles — Consigny — Darmannes — Ecot — Forcey — Lacrète — Mareilles — Montot — Morteau — Reynel — Rimaucourt — Rochefort — Signeville — Vignes.

Canton d'Arc-en-Barrois (9 com.; 5,083 h.; 24,449 hect.). — Arc-en-Barrois — Aubepierre — Bugnières — Coupray — Cour-l'Évêque — Dancevoir — Leffonds — Richebourg — Villiers-sur-Suize.

Canton de Bourmont (26 com.; 8,721 h.; 23,298 hect.). — Bourmont — Bourg-Sainte-Marie — Brainville — Champigneulles — Chaumont-la-Ville — Clinchamp — Doncourt — Germainvilliers — Gonaincourt — Goncourt — Graffigny-Chemin — Hâcourt — Harréville — Huilliécourt — Illoud — Levécourt — Malaincourt — Nijon — Outremécourt — Ozières — Romain-sur-Meuse — Saint-Thiébault — Sommerécourt — Soulaucourt — Vaudrecourt — Vroncourt.

Canton de Châteauvillain (19 com.; 8,875 h.; 33,561 hect.). — Aizanville — Blessonville — Braux — Bricon — Châteauvillain — Cirfontaines-en-Azois — Créancey — Dinteville — Essey-les-Ponts — Laferté-sur-Aube — Lanty — Latrecey — Marmesse — Montribourg — Orges — Ormoy-sur-Aube — Pont-la-Ville — Silvarouvres — Villars-en-Azois.

Canton de Chaumont (22 com.; 14,265 h.; 27,810 hect.). — Brethenay — Brottes — Buxières-lès-Villiers — Chamarandes — Chaumont — Choignes — Condes — Crenay — Euffigneix — Jonchery — Laharmand — Laville-au-Bois — Puits-des-Mèzes (Le) — Luzy — Montsaon — Neuilly-sur-Suize — Riaucourt — Sarcicourt — Semoutiers — Treix — Verbiesles — Villiers-le-Sec.

Canton de Clefmont (20 com.; 6,265 h.; 18,654 h.). — Audeloncourt — Bassoncourt — Breuvannes — Buxières-lès-Clefmont — Choiseul — Clefmont — Colombey — Cuves — Daillecourt — Lénizeul — Longchamp-lès-Millières — Maisoncelles — Mennouveaux — Merrey — Meuvy — Millières — Noyers — Perrusse — Rangecourt — Thol-lès-Millières.

Canton de Juzennecourt (24 com.; 6,083 h.; 24,711 hect.). — Argentolles — Autreville — Biernes — Blaisy — Buchey — Colombey-les-Deux-Églises — Curmont — Gillancourt — Harricourt — Juzennecourt — Lachapelle — Lamothe — Lavilleneuve-au-Roi — Lavilleneuve-aux-Fresnes — Maranville — Meures — Montheries — Pratz — Rennepont — Rizaucourt — Saint-Martin — Sexfontaines — Valdelancourt — Vaudrémont.

Canton de Nogent-le-Roi (20 com.; 12,274 h.; 25,784 hect.). — Ageville — Biesles — Donnemarie — Esnouveaux — Essey-les-Eaux — Foulain — Is-en-Bassigny — Lanques — Louvières — Mandres — Marnay — Ninville — Nogent-le-Roi — Odival — Poinson-lès-Nogent — Poulangy — Sarcey — Thivet — Vesaignes-sur-Marne — Vitry-lès-Nogent.

Canton de Saint-Blin (15 com.; 5,682 h.; 22,404 hect.). — Aillianville — Busson — Chalvraines — Chambroncourt — Humberville — Lafauche — Leurville — Liffol-le-Petit — Manois — Morionvilliers — Orquevaux — Prez-sous-Lafauche — Saint-Blin — Semilly — Vesaignes-sous-Lafauche.

Canton de Vignory (21 com. ; 6,172 h. ; 19,497 hect.). — Annéville — Blaise — Bologne — Buxières-lès-Froncles — Champcourt — Daillancourt — Froncles — Genevroye (La) — Guindrecourt-sur-Blaise — Lamancine — Marault — Marbéville — Mirbel — Ormoy-lès-Sexfontaines — Oudincourt — Roôcourt-la-Côte — Soncourt — Viéville — Vignory — Vouécourt — Vraincourt.

Arrondissement de Langres (10 cant. ; 210 com. ; 95,126 h. ; 220,287 hect.).

Canton d'Auberive (29 com. ; 5,896 h. ; 56,557 hect.). — Arbot — Auberive — Aulnoy — Bay — Chalmessin — Chameroy — Colmiers-le-Bas — Colmiers-le-Haut — Courcelles-sur-Aujon — Ériseul — Germaines — Giey-sur-Aujon — Lamargelle — Mouilleron — Musseau — Poinsenot — Poinson-lès-Grancey — Praslay — Rochetaillée — Rouelles — Rouvres-sur-Aube — Saint-Loup — Santenoge — Ternat — Villars-Montroyer — Villemervry — Villemoron — Vitry-en-Montagne — Vivey.

Canton de Bourbonne-les-Bains (16 com. ; 13,917 h. ; 21,787 hect.). — Aigremont — Arnoncourt — Beaucharmoy — Bourbonne-les-Bains — Coiffy-le-Haut — Damrémont — Enfonvelle — Fresnes-sur-Apance — Genrupt — Larivière — Melay — Montcharvot — Parnot — Pouilly — Serqueux — Villars-Saint-Marcellin.

Canton de Fayl-Billot (24 com. ; 11,544 h. ; 26,026 hect.). — Belmont — Broncourt — Buxières — Charmoy — Chaudenay — Corgirnon — Farincourt — Fayl-Billot — Frettes — Genevrières — Gilley — Grenant — Loges (Les) — Poinson-lès-Fayl — Pressigny — Rosoy — Rougeux — Saules — Savigny — Seuchey — Torcenay — Tornay — Valleroy — Voncourt.

Canton de Laferté-sur-Amance (15 com. ; 5,948 h. ; 10,146 hect.). — Anrosey — Bize — Guyonvelle — Laferté-sur-Amance — Maizières — Montesson — Neuvelle-lès-Voisey — Pierrefaites — Pisseloup — Soyers — Vaux-la-Douce — Velles — Voisey.

Canton de Langres (27 com. ; 17,260 h. ; 28,270 hect.). — Balesmes — Beauchemin — Champigny — Chanoy — Chatenay-Mâcheron — Chatenay-Vaudin — Corlée — Courcelles-en-Montagne — Culmont — Faverolles — Humes — Jorquenay — Langres — Marac — Mardor — Noidant-le-Rocheux — Ormancey — Peigney — Perrancey — Saint-Ciergues — Saint-Geosmes — Saint-Martin — Saint-Maurice — Saint-Vallier — Vauxbons — Vieux-Moulins — Voisines.

Canton de Longeau (29 com. ; 9,142 h. ; 22,533 hect.). — Aprey — Aujeurres — Baissey — Bourg — Brennes — Chalindrey — Cohons — Flagey — Grandchamp — Heuilley-Cotton — Heuilley-le-Grand — Longeau — Pailly (Le) — Noidant-Chatenoy — Orcevaux — Palaiseul — Percey-le-Pautel — Perrogney — Piépape — Pierrefontaines — Prangey — Rivières-le-Bois — Saint-Broingt-le-Bois — Saint-Michel — Verseilles-le-Bas — Verseilles-le-Haut — Villegusien — Villiers-lès-Aprey — Violot.

Canton de Montigny-le-Roi (15 com. ; 6,289 h. ; 15,019 hect.). —

Avrecourt — Chauffourt — Dammartin — Épinant — Fresnoy — Lavilleneuve — Lécourt — Maulain — Meuse — Montigny-le-Roi — Provenchères — Ravennefontaines — Récourt — Sarrey — Saulxures.

Canton de Neuilly-l'Évêque (18 com. ; 8,726 h.; 18,182 hect.). — Bannes — Bonnecourt — Celsoy — Changey — Charmes — Charmoilles — Dampierre — Frécourt — Lannes — Lecey — Montlandon — Neuilly-l'Évêque — Orbigny-au-Mont — Orbigny-au-Val — Plesnoy — Poiseul — Rolampont — Tronchoy.

Canton de Prauthoy (25 com.; 8,214 h.; 26,301 hect.). — Aubigny — Chalancey — Chassigny — Chatoillenot — Choilley — Coublanc — Courcelles-Val-d'Esnoms — Couzon — Cusey — Dardenay — Dommarien — Esnoms — Isômes — Leuchey — Maâtz — Montormentier — Montsaugeon — Occey — Percey-le-Petit — Prauthoy — Rivières-les-Fosses — Saint-Broingt-les-Fosses — Vaillant — Vaux-sous-Aubigny — Vesvres-sous-Chalancey.

Canton de Varennes-sur-Amance (14 com.; 8,190 h.; 15,784 hect.). — Andilly — Arbigny-sous-Varennes — Celles — Champigny-sous-Varennes — Chézeaux — Coiffy-le-Bas — Hortes — Laneuvelle — Lavernoy — Marcilly — Rançonnières — Troischamps — Varennes-sur-Amance — Vicq.

Arrondissement de Vassy (8 cant.; 145 com.; 77,484 h.; 156,824 hect.).

Canton de Chevillon (15 com.; 9,001 h.; 15,111 hect.). — Avrainville — Bienville — Breuil-sur-Marne — Chevillon — Curel — Eurville — Fontaines — Gourzon — Laneuville-à-Bayard — Maizières — Narcy — Osne-le-Val — Prez-sur-Marne — Rachecourt-sur-Marne — Sommeville.

Canton de Doulaincourt (19 com. ; 7,271 h.; 22,047 hect.). — Augeville — Bettaincourt — Cérizières — Domremy — Donjeux — Doulaincourt — Gudmont — Landéville — Maconcourt — Mussey — Pautaines — Provenchères — Roches-sur-Rognon — Rouécourt — Rouvroy — Saint-Urbain — Saucourt — Vaux-sur-Saint-Urbain — Villiers-sur-Marne.

Canton de Doulevant (19 com. ; 7,526 h.; 23,346 hect.). — Ambonville — Arnancourt — Baudrecourt — Beurville — Blumeray — Bouzancourt — Brachay — Charmes-en-l'Angle — Charmes-la-Grande — Cirey-sur-Blaise — Courcelles-sur-Blaise — Dommartin-le-Saint-Père — Doulevant — Flammerécourt — Leschères — Mertrud — Nully — Trémilly — Villiers-aux-Chênes.

Canton de Joinville (15 com.; 9,405 h.; 12,785 hect.). — Autigny-le-Grand — Autigny-le-Petit — Blécourt — Chatonrupt — Ferrière-et-Lafolie — Fronville — Guindrecourt-aux-Ormes — Joinville — Mathons — Nomécourt — Rupt — Sommermont — Suzannecourt — Thonnance-lès-Joinville — Vecqueville.

Canton de Montier-en-Der (15 com. ; 8,444 h.; 22,882 hect.). — Anglus — Braucourt — Ceffonds — Droyes — Frampas — Longeville — Louze — Montier-en-Der — Planrupt — Puellemontier — Robert-Magny — Rozières — Sauvage-Magny — Sommevoire — Thilleux.

Canton de Poissons (24 com.; 5,783 h.; 21,157 hect.). — Aingoulaincourt

—Annonville — Bettoncourt — Bressoncourt — Brouthières—Cirfontaines-en-Ornois — Échenay — Effincourt — Epizon — Germay — Germisay — Gillaumé — Harméville — Lancuville-au-Bois — Lezéville — Montreuil-sur-Thonnance — Noncourt — Pancey — Paroy — Poissons — Sailly — Saudron — Soulaincourt — Thonnance-les-Moulins.

Canton de Saint-Dizier (14 com.; 19,297 h.; 18.493 hect.). —Bettancourt — Chamouilley — Chancenay — Éclaron — Hallignicourt — Hoëricourt — Humbécourt — Laneuville-au-Pont — Moëslains — Perthes — Roches-sur-Marne — Saint-Dizier — Valcourt — Villiers-en-Lieu.

Canton de Vassy (24 com.; 10,957 h.; 20,953 hect.). — Allichamps — Attancourt — Bailly-aux-Forges — Brousseval — Domblain — Dommartin-le-Franc — Doulevant-le-Petit — Fays — Flornoy — Laneuville-à-Remy — Louvemont — Magneux — Montreuil-sur-Blaise — Morancourt — Rachecourt-sur-Blaise — Sommancourt — Suzémont — Troisfontaines — Valleret — Vassy — Vaux-sur-Blaise — Ville-en-Blaisois — Villiers-aux-Bois — Voillecomte.

X. — Agriculture ; productions.

Sur les 621,968 hectares du département, on compte :

Terres labourables	359,862 hectares.
Prés	59,087
Vignes	16.859
Bois	187,000
Landes	8,454

Le reste se partage entre les pâturages et pacages, les étangs, les emplacements de villes, de bourgs, de villages, de fermes, les surfaces prises par les routes, les chemins de fer, les cimetières, etc.

On compte dans le département 41,003 chevaux (surtout dans le Bassigny, où se fait un assez grand commerce de poulains), 25 mulets, 202 ânes, 78,631 animaux de l'espèce bovine, 194,964 moutons (171,289 kilogrammes de laine, en 1876), 54,811 porcs, 6,211 chèvres et environ 600,000 poules, canards, oies, dindons ou pigeons. 28,639 ruches d'abeilles ont produit, en 1876, 66,728 kilogrammes de miel et 15,751 de cire. Le mouton dit de Langres, de petite taille, est renommé pour la délicatesse de sa chair, due aux plantes aromatiques des pâturages. Les mérinos, moins répandus dans le département, sont élevés surtout pour leur laine, utilisée dans les manufactures du département de la Marne.

La Haute-Marne, où la propriété est très divisée, est un des départements qui ont le moins de terres en friches; malgré le manque d'engrais, presque tous ses terrains sont en rapport. Les coteaux arides sont plantés de bois de pins, surtout aux environs de Chaumont. Les parties les plus fertiles sont comprises dans le Bassigny et le Perthois, dans les vallées de la Marne et de la Blaise, aux terres alluviales. Les récoltes consistent surtout en *céréales* de toutes sortes (blé, avoine, orge, etc.), et en *pommes de terre*, généralement de très bonne qualité. La culture du sarrasin, des vesces, des fèves, des haricots, des pois, de la navette, du colza, du chanvre, de la caméline, de la betterave pour la nourriture des bestiaux, donne aussi de bons produits. Les *jardins maraîchers* des environs de Langres et de Saint-Dizier fournissent des artichauts, des choux-fleurs, des asperges, des navets estimés. Des *prairies naturelles* bordent le cours de l'Amance, de la Meuse, de la Marne, de la Blaise. Les *prairies artificielles* (luzerne, trèfle, sainfoin) prennent chaque année du développement.

La Haute-Marne possède deux vignobles renommés, ceux d'Aubigny et de Montsaugeon. Le vin d'Aubigny, peu foncé en couleur, se distingue par sa délicatesse et un bouquet fort agréable. Celui de Montsaugeon a moins de finesse et de générosité. Châteauvillain, Créancey, Essey-les-Ponts, Joinville, la Côte de Saint-Urbain, Prauthoy, Rivières-les-Fosses, Vaux, récoltent des vins d'ordinaire estimés. Coiffy-le-Haut et Soyers donnent de bons vins blancs.

En 1877, les habitants ont récolté 1,772,586 hectolitres de froment, 85,140 de méteil, 79,747 de seigle, 164,108 d'orge, 36,314 de sarrasin, 104,597 d'avoine, 885,043 de pommes de terre, 10,518 de légumes secs, 1,944 hectolitres de graines de colza (23,706 kilogrammes d'huiles), 292,410 de betteraves, 3,312 quintaux de chanvre, 209 de lin, et 604,149 hectolitres de vin.

Les principales *forêts*, dont 16,032 hectares appartiennent à l'État, sont celles de Châteauvillain, d'Arc, de l'Étoile, d'Écot, d'Auberive, de Joinville, de Blinfey, du Pavillon, du Der et du Val. Les essences de bois qui les composent sont le chêne, le hêtre, le charme, le frêne, l'érable, le bouleau et le tremble. — Les *arbres fruitiers* sont le cerisier, le poirier, le pommier et le prunier.

XI. — Industrie; mines.

Le département de la Haute-Marne est très riche en **mines de fer**, en grains et en roches, puisque, parmi les départements français, il vient immédiatement après Meurthe-et-Moselle par ordre d'importance. Il produit annuellement environ 530,000 tonnes de minerai.

Parmi les mines, nous citerons celles de Breuil-sur-Marne, Créancey, Latrecey, Liffol-le-Petit, Montsaon, Ormoy-sur-Aube, Pont-Varin, Vassy, Ville-en-Blaisois, Villiers-le-Sec, etc.

Parmi les *carrières de pierres*, nous mentionnerons celles d'Arc-en-Barrois, Biesles, Bugnières, Chalvraines, Chaumont, Chevillon, Cohons, Esnouveaux, Frettes, Grenant, Noidant-le-Rocheux, Liffol-le-Petit, Prauthoy, Sommeville, Sommevoire. Les communes de Celles, Chalindrey, Torcenay, Marcilly et Provenchères extraient des pierres pour meules à aiguiser. A Bussières-lès-Belmont sont exploités des grès réfractaires

Établissement thermal de Bourbonne.

pour les feux de forges, ainsi que des roches granitiques et porphyroïdes. — La *pierre à plâtre* est commune dans les vallées de l'Apance, de l'Amance et du Saulon.

Les **sources minérales** les plus renommées sont celles de Bourbonne. Ces sources, thermales, sont au nombre de trois : la source du Grand-Bain ou du Puisard (57°,51), qui alimente les bains civils; la source de l'hôpital militaire (50°), et la fontaine Chaude (58°,75), dont l'eau se prend en boisson. Ces eaux (1200 hectolitres par 24 heures), chlorurées, sodiques et iodobromurées, sont limpides, inodores et d'un goût légèrement salé. Des analyses y ont fait reconnaître la présence de l'arsenic. Les eaux de Bourbonne se prennent en bains, douches et boisson. Elles sont particulièrement recommandées dans les cas d'hémiplégie, de fièvres intermittentes anciennes, d'hydropisies commençantes, de rhumatismes chroniques, musculaires ou articulaires, provenant soit de cause interne, soit de plaies d'armes à feu, de chute ou de toute autre contusion; enfin ces eaux s'emploient avec succès contre les scrofules, les ulcères, etc. — Les autres sources minérales du département sont : celle d'Étuf (à Aubepierre), célèbre par ses eaux chargées de carbonate de chaux; la source ferrugineuse, apéritive, diurétique et légèrement purgative d'Attaincourt; la source ferrugineuse de Larivière, dont l'eau s'emploie contre les maladies chroniques des voies urinaires; les eaux de la forêt de Marmesse, d'Essey-les-Eaux, d'Écot, etc.

Il existe dans le département un nombre considérable d'**établissements métallurgiques**. Il est le septième en France pour la production de la fonte (77,914 tonnes en 1878); parfois il a même occupé à cet égard un rang plus élevé. En 1878, il a fabriqué 5,512 tonnes de tôles de fer. Les principales usines à fer sont situées dans la vallée de la Marne, en aval de Chaumont, et dans celle de la Blaise. Dans la première nous citerons les établissements métallurgiques de Bologne (forges, pointes à la mécanique), Vraincourt (forges), Froncles (forges), Donjeux (hauts-fourneaux), Rouvroy (fabrique de chaînes), Saint-Urbain (tréfilerie et pointerie). Plus bas, Joinville est une ville importante pour la fabrication et le commerce des fers (chaînes, fonderie de cuivre et de fer, hauts-fourneaux). Au delà des hauts-fourneaux de Thonnance-lès-Joinville, de Vecqueville et de Bussy, s'ouvre, à droite, sur la vallée de la Marne, le *Val d'Osne*, célèbre dans le monde de l'industrie et même des arts par ses moulages de fontaines et de statues. Plus en aval, on rencontre les forges de Rachecourt, voisines des hauts-fourneaux de Chevillon, le haut-fourneau de Bayard, les forges de Bienville, d'Eurville (hauts-fourneaux et laminoirs), de Chamouilley (hauts-fourneaux et fonderie), Marnaval (hauts-fourneaux et laminoirs), de Closmortier et enfin la ville importante de Saint-Dizier, l'un des marchés régulateurs de la métallurgie française. Il existe à Saint-Dizier des forges, des hauts-fourneaux, des fonderies de fer et de cuivre, des fabriques de ferronnerie, de boulons, étrilles, clouterie, pointes, coutellerie, épingles à cheveux, limes, lits en fer et meubles de jardins, poids à peser, pompes, quincaillerie, serrurerie et fil de fer.

A partir de Cirey (hauts-fourneaux), la Blaise est bordée de nombreux établissements métallurgiques : ce sont ceux de Doulevant-le-Château (hauts-fourneaux, instruments aratoires), Dommartin-le-Franc (haut-fourneaux et fonderies), Vaux-sur-Blaise (hauts-fourneaux), Montreuil (hauts-fourneaux), Brousseval (hauts-fourneaux et fonderies), du Châtellier (hauts-fourneaux), du Buisson (hauts-fourneaux, forge et fabrique d'essieux), d'Allichamps (hauts-fourneaux et fonderies) et d'Éclaron (haut-fourneau).

Dans la vallée du Rognon, affluent de la Marne, se trouvent les forges de Montot et de Doulaincourt, les usines de Roche (chaînes, haut-fourneau, tréfilerie), de Bettaincourt (chaînes, tréfilerie). Les forges de Rimaucourt et le haut-fourneau d'Écot sont situés sur un petit affluent du Rognon, la Sueure. — Le Rongeant, autre tributaire de la Marne, alimente les hauts-fourneaux de Thonnance-les-Moulins, Noncourt et Poissons.

Parmi les autres établissements métallurgiques du département, nous citerons : la fonderie de Farincourt, les hauts-fourneaux de Charmes-la-Grande et de Charmes-en-l'Angle, situés sur le Blaizeron; ceux d'Échenay, de Paroy, de Pansey, du Rongeant, de Sommevoire et de Tempillon; les usines de Breuvannes (fonderie de cloches), de Colombey-les-deux-Églises (machines agricoles), d'Harréville (chaudronnerie), de la Ferté-sur-Aube (forges), Manois (forges, fils de fer, pointes), Louvemont (quincaillerie et taillanderie), Magneux (charrues), etc.

La fabrication de la **coutellerie**[1] occupe 6,000 ouvriers (plus de 5 millions de produits par an) dans les cantons de Nogent, de Clefmont, de Montigny-le-Roi, de Neuilly-l'Évêque et de Langres.

Les articles fabriqués dans le département appartiennent à six espèces : la grosse coutellerie, la coutellerie de table, la coutellerie fermante, la cisellerie, la coutellerie chirurgicale et la quincaillerie fine. La première catégorie approvisionne les pêcheurs de morue, les bouchers, les cuisiniers, les cordonniers, les peintres, les vitriers. Les couteaux de table (prix moyen, 12 francs la douzaine) sont exportés surtout dans l'Amérique du Sud; les lames, couteaux et fourchettes de luxe sont expédiés en grande quantité à Paris, où ils sont emmanchés et montés. La coutellerie fermante comprend toutes les variétés du couteau de poche depuis l'*eustache* jusqu'au couteau compliqué d'une foule de pièces fantaisistes, les canifs, grattoirs, taille-plumes et rasoirs. A la cisellerie appartiennent les ciseaux, les forces, les sécateurs. Comme instruments de chirurgie, Nogent fabrique les pinces à anneaux, les daviers et les clefs à dents. Enfin la

---

1. V. l'intéressante notice de M. Arthur Daguin : *Nogent et la coutellerie dans la Haute-Marne*, à laquelle nous avons emprunté d'utiles renseignements.

quincaillerie fine d'acier poli comprend les pinces à épiler, les limes à ongles, les garnitures de nécessaires, les tire-bouchons, etc.

La *filature* et la fabrication des étoffes *de laine* est représentée dans la Haute-Marne par 21 établissements renfermant 1,800 broches et une quinzaine de métiers. Les filatures sont celles de Bourbonne, Langres, Leffonds, Montigny-le-Roi, Ormoy-sur-Aube, Rolampont, Rosoy et Sommevoire. Rosoy fabrique des droguets (ainsi que Sommevoire) et des laines à tricoter.

Chaumont est connu par son importante fabrication de *ganterie*, dont les produits s'exportent en Amérique; Fayl-Billot et Bussières, par leur *vannerie* (plus de 2,000 ouvriers).

Parmi les autres établissements industriels du département, nous citerons : la *sucrerie* d'Éclaron (50 ouvriers ; 2,000 quintaux métriques de sucre par an), une trentaine de distilleries ; les *brasseries* de Bourbonne, Chaumont, Fayl-Billot, Fresnoy, Humes, Joinville, Saint-Dizier et Vignes ; de nombreuses scieries, des tanneries, corroieries et mégisseries, plusieurs imprimeries, la faïencerie d'Aprey (faïence peinte antique) et quelques poteries, des fabriques de meules à aiguiser (à Provenchères notamment), les papeteries de Saint-Martin-lès-Langres et de Villiers-sur-Marne, les tuileries d'Hortes et de Rolampont, etc.

XII. — Commerce, chemins de fer, routes.

Le département de la Haute-Marne *exporte* les produits variés de son industrie : des fers et fontes, la coutellerie dite de Langres, la taillanderie, les limes, les gants de Chaumont, la vannerie de Fayl-Billot ; des pierres de taille, des meules à aiguiser, des bois de construction, des céréales et tous les produits agricoles qui ne sont pas nécessaires à la consommation locale.

Il *importe* des articles d'épicerie, d'ameublement, de modes, des nouveautés, des toiles, des étoffes en tous genres, des bois de sapins, des objets de bijouterie et d'horlogerie, des vins et liqueurs, et environ 2 millions de quintaux métriques de houille provenant de la Loire, de Ronchamp, de Valenciennes, du Creuzot et Blanzy, de Belgique et de Sarrebruck.

Le département de la Haute-Marne est traversé par 9 chemins de fer ayant ensemble un développement de 352 kilomètres.

1° Le chemin de fer *de Paris à Belfort* passe du département de l'Aube dans celui de la Haute-Marne à 5 kilomètres en deçà de la

Viaduc de Chaumont.

gare de Maranville. Outre cette station, il dessert celles de Bricon, Villiers-le-Sec, Chaumont, Foulain, Vesaignes, Rolampont, Langres, Culmont-Chalindrey, Hortes, Charmoy-Fayl-Billot et de la Ferté-sur-Amance. En deçà de Chaumont, il passe sur un magnifique viaduc long de 600 mètres et haut de 50 mètres, à 3 rangs d'arcades superposés. Au delà, il entre dans le département de la Haute-Saône. Parcours, 92 kilomètres.

2° Le chemin de fer *de Chaumont à Châtillon-sur-Seine* se détache du précédent à la station de Bricon, passe à Châteauvillain, à Latrecey, puis entre, 4 kilomètres plus loin, dans le département de la Côte-d'Or. Parcours (depuis Bricon), 19 kilomètres.

3° Le chemin de fer *de Blesmes à Chaumont* quitte le département de la Marne pour entrer dans celui de la Haute-Marne à 6 kilomètres en deçà de Saint-Dizier. Il pénètre un instant dans la Meuse pour y desservir Ancerville. Dans la Haute-Marne, ses stations sont, outre Saint-Dizier : Eurville, Chevillon, Curel, Joinville, Donjeux, Froncles, Vignory et Bologne. A 3 kilomètres en deçà de la gare de Chaumont, il se raccorde avec la ligne de Paris à Belfort (*V.* ci-dessus, 1°). Parcours, 74 kilomètres.

4° Le chemin de fer *de Chaumont à Neufchâteau* se détache du précédent à la station de Bologne. Il passe aux gares de Chantraines, Andelot, Rimaucourt, Manois, Bourmont-Saint-Blin et Prez-sous-Lafauche, avant d'entrer dans le département des Vosges. Parcours, 57 kilomètres.

5° La ligne *de Culmont-Chalindrey à Gray* n'a qu'une station dans la Haute-Marne, celle de Maâtz. Au delà, elle entre dans la Haute-Saône. Longueur, 17 kilomètres.

6° La ligne *de Culmont-Chalindrey à Dijon* dessert Heuilley-Coton, Villegusien, Prauthoy, Vaux-sous-Aubigny et Occey. Au delà, elle entre dans le département de la Côte-d'Or. Longueur, 32 kilomètres.

7° L'embranchement *de Saint-Dizier à Vassy* (23 kilomètres) dessert Humbécourt, Éclaron, Louvemont, Pont-Varin et Vassy.

8° L'embranchement *de Vitrey à Bourbonne-les-Bains* (15 kilomètres) a une station intermédiaire, Voisey.

9° Le chemin de fer *de Chalindrey à Mirecourt* a dans le département de la Haute-Marne un développement d'environ 43 kilomètres.

Les voies de communication comptent 4,764 kilomètres et demi, savoir :

9 chemins de fer.................... 352 kil.
6 routes nationales................. 408

12 routes départementales		306
1,755 chemins vicinaux.. { 27 de grande communication	726	} 3,686
60 de moyenne communication	1,193	
1,668 de petite communication	1,767	
1 rivière navigable		12 1/2

XIII. — Dictionnaire des communes.

Ageville, 461 h., c. de Nogent.

Aigremont, 180 h., c. de Bourbonne-les-Bains. ⟶ Ruines des fortifications et de l'ancien château, jadis un des plus forts de la Champagne.

Aillianville, 491 h., c. de Saint-Blin.

Aingoulaincourt, 57 h., c. de Poissons.

Aizanville, 123 h., c. de Châteauvillain.

Allichamps, 446 h., c. de Vassy.

Ambonville, 391 h., c. de Doulevant.

Andelot, 1,014 h., ch.-l. de c. de l'arr. de Chaumont. ⟶ Tombe de 1277. — Restes de la forteresse de Montéclair.

Andilly, 528 h., c. de Varennes. ⟶ Ruines d'un château attribué aux Templiers.

Anglus, 184 h., c. de Montier-en-Der.

Annéville, 127 h., c. de Vignory.

Annonville, 119 h., c. de Poissons.

Anrosey, 508 h., c. de la Ferté.

Aprey, 463 h., c. de Longeau.

Arbigny-sous-Varennes, 570 h., c. de Varennes. ⟶ Restes d'une maison de Templiers.

Arbot, 281 h., c. d'Auberive.

Arc-en-Barrois, 1,282 h., ch.-l. de c. de l'arrond. de Chaumont. ⟶ Joli château moderne. — Pèlerinage de Montrot. — Vieux château de Valbrecant; chapelle rendue au culte.

Argentolles, 101 h., c. de Juzennecourt.

Arnancourt, 415 h., c. de Doulevant.

Arnoncourt, 259 h., c. de Bourbonne-les-Bains.

Attancourt, 524 h., c. de Vassy. ⟶ Ruines dites de la Baronie.

Aubepierre, 641 h., c. d'Arc.

Auberive, 1,048 h., ch.-l. de c. de l'arrond. de Langres. ⟶ Église; flèche élégante. — Abbaye de Cisterciens, fondée en 1135 et convertie en maison de détention; restes du cloître; boulangerie du xive s.; moulin à blé.

Aubigny, 196 h., c. de Prauthoy.

Audeloncourt, 444 h., c. de Clefmont.

Augeville, 51 h., c. de Doulaincourt.

Aujeurres, 264 h., c. de Longeau.

Aulnoy, 121 h., c. d'Auberive.

Autigny-le-Grand, 242 h., c. de Joinville.

Autigny-le-Petit, 147 h., c. de Joinville.

Autreville, 464 h., c. de Juzennecourt.

Avrainville, 185 h., c. de Chevillon.

Avrecourt, 257 h., c. de Montigny.

Bailly-aux-Forges, 305 h., c. de Vassy.

Baissey, 326 h., c. de Longeau.

Balesmes, 388 h., c. de Langres. ⟶ Fontaine de la Marnotte, source de la Marne, près d'une grotte, qui fut, dit-on, l'asile de Sabinus et d'Éponine. — Le canal de la Marne à la Saône passe en tunnel à 25 mèt. au-dessous de l'église de Balesmes.

Bannes, 597 h., c. de Neuilly.

Bassoncourt, 268 h., c. de Clefmont.

Baudrecourt, 323 h., c. de Doulevant. ⟶ Église du xvie s.; statue de saint Christophe, de grandeur naturelle, peinte et rehaussée d'or.

Bay, 164 h., c. d'Auberive. ⟶ Ruines du château de la Cude.

Beaucharmoy, 245 h., c. de Bourbonne-les-Bains.

Beauchemin, 228 h., c. de Langres. ⟶ Restes de constructions très anciennes, de différentes époques.

Belmont, 270 h., c. de Fayl-Billot.

Bettaincourt, 649 h., c. de Doulaincourt.

Bettancourt, 427 h., c. de Saint-Dizier.

Bettoncourt, 124 h., c. de Poissons.

Beurville, 458 h., c. de Doulevant.

Bienville, 866 h., c. de Chevillon.

Biernes, 92 h., c. de Juzennecourt.

Biesles, 1,353 h., c. de Nogent.

Bize, 212 h., c. de la Ferté.

Blaise, 290 h., c. de Vignory.

Blaisy, 102 h., c. de Juzennecourt.

Blancheville, 170 h., c. d'Andelot.

Blécourt, 207 h., c. de Joinville. ⟶ Église remarquable du XIIIᵉ s. (mon. hist.).

Blessonville, 514 h., c. de Châteauvillain.

Blin (Saint-), 596 h., ch.-l. de c. de l'arrond. de Chaumont.

Blumeray, 297 h., c. de Doulevant.

Bologne, 611 h., c. de Vignory. ⟶ Vieux château.

Bonnecourt, 451 h., c. de Neuilly.

Bourbonne-les-Bains, 4,039 h., ch.-l. de c. de l'arrond. de Langres, station thermale, au sommet et sur la pente d'une colline que baigne l'Apance. ⟶ Inscriptions et antiquités romaines. — Église du XIIᵉ s. (mon. hist.), dans la ville haute.— Établissement de bains (1783 et 1837). — Hôpital militaire (1732). — Promenades d'Orfeuil et de Montmorency.

Bourdons, 805 h., c. d'Andelot.

Bourg, 230 h., c. de Longeau. ⟶ Antiquités romaines.

Bourg-Sainte-Marie, 295 h., c. de Bourmont.

Bourmont, 820 h., ch.-l. de c. de l'arrond. de Chaumont, sur une colline abrupte dominant la Meuse (vieux pont).

Bouzancourt, 571 h., c. de Doulevant.

Brachay, 516 h., c. de Doulevant.

Brainville, 275 h., c. de Bourmont.

Braucourt, 190 h., c. de Montier-en-Der. ⟶ Beau château ruiné. — Église des XIIᵉ et XIIIᵉ s.; belle statue de la Vierge.

Braux, 581 h., c. de Châteauvillain.

Brennes, 317 h., c. de Longeau.

Bressoncourt, 27 h., c. de Poissons.

Brethenay, 183 h., c. de Chaumont. ⟶ Église du XIIIᵉ s.

Breuil-sur-Marne, 184 h., c. de Chevillon.

Breuvannes, 1,026 h., c. de Clefmont.

Briaucourt, 214 h., c. d'Andelot.

Bricon, 479 h., c. de Châteauvillain.

Broingt-le-Bois (Saint-), 229 h., c. de Longeau.

Broingt-les-Fosses (Saint-), 415 h., c. de Prauthoy.

Broncourt, 184 h., c. de Fayl-Billot.

Brottes, 307 h., c. de Chaumont. ⟶ La Cujebin, ancienne commanderie.

Brousseval, 684 h., c. de Vassy.

Brouthières, 78 h., c. de Poissons.

Buchey, 110 h., c. de Juzennecourt.

Bugnières, 326 h., c. d'Arc.

Bussières-lès-Belmont, 1,462 h., c. de Fayl-Billot.

Busson, 195 h., c. de Saint-Blin.

Bussières-lès-Clefmont, 191 h., c. de Clefmont.

Buxières-lès-Froncles, 313 h., c. de Vignory. ⟶ Restes d'un château.

Buxières-lès-Villiers, 124 h., c. de Chaumont.

Ceffonds, 770 h., c. de Montier-en-Der. ⟶ Église des XIIᵉ, XIIIᵉ s. et de la Renaissance (mon. hist.); très beaux vitraux du XVIᵉ s.

Celles, 557 h., c. de Varennes.

Celsoy, 500 h., c. de Neuilly. ⟶ Dans l'église, tombe de Guibert, médecin des rois Jean, Charles V et Charles VI, monument du XVᵉ s., chargé de riches sculptures.

Cérizières, 272 h., c. de Doulaincourt.

Chalancey, 557 h., c. de Prauthoy. ⟶ Restes de fortifications; ancien château; bas-reliefs romains.

Chalindrey, 1,146 h., c. de Longeau. ⟶ Tumulus. — Du Cognelot (470 mèt.), vue étendue sur les Vosges, le Jura et le Mont-Blanc.

Chalmessin, 106 h., c. d'Auberive.

Chalvraines, 721 h., c. de St-Blin.

DICTIONNAIRE DES COMMUNES.

Chamarandes, 168 h., c. de Chaumont. »»→ Château du xviiᵉ s.
Caambroncourt, 170 h., c. de Saint-Blin.
Chameroy, 292 h., c. d'Auberive.
Chamouilley, 1,024 h., c. de Saint-Dizier.
Champcourt, 175 h., c. de Vignory.
Champigneulles, 188 h., c. de Bourmont.
Champigny, 257 h., c. de Langres.
Champigny-sous-Varennes, 537 h., c. de Varennes.
Chancenay, 462 h., c. de St-Dizier.
Changey, 241 h., c. de Neuilly. »»→ Très joli château moderne.

Hôtel de ville de Chaumont.

Chanoy, 90 h., c. de Langres.
Chantraines, 312 h., c. d'Andelot.
Chapelle (La), 348 h., c. de Juzennecourt.
Charmes, 206 h., c. de Neuilly.
Charmes-en-l'Angle, 124 h., c. de Doulevant.
Charmes-la-Grande, 432 h., c. de Doulevant.
Charmoilles, 362 h., c. de Neuilly »»→ Dans l'église, tombe du xvᵉ s.
Charmoy, 378 h., c. de Fayl-Billot.
Chassigny, 597 h., c. de Prauthoy.
Châteauvillain, 1,521 h., ch.-l. de c. de l'arrond. de Chaumont. »»→ Restes d'un château féodal; beau parc — Maison du xivᵉ s.

Chatenay-Mâcheron, 206 h., c. de Langres.

Chatenay-Vaudin, 164 h., c. de Langres.

Chatoillenot, 501 h., c. de Prauthoy.

Chatonrupt, 484 h., c. de Joinville. ⤳ Restes d'un château des seigneurs de Joinville.

Chaudenay, 280 h., c. de Fayl-Billot. ⤳ Église moderne, dans le style ogival du XIII° s. — Château de la fin du XVII° s.

Chauffourt, 512 h., c. de Montigny.

Chaumont, 9,226 h., ch.-l. du départ., sur une colline, au confluent de la Marne et de la Suize. ⤳ L'*église Saint-Jean-Baptiste* (mon. hist.) date du XIII° s. (portail, clochers, nef principale); chœur refait au XVI° s., dans le style flamboyant; chapelles latérales du XV° s.; portails latéraux richement décorés. Le portail principal, d'un goût sévère, est surmonté de 2 tours à flèches élancées. A l'intérieur, qui est fort harmonieux, escalier tournant, sculpté à jour; saint-sépulcre d'un très beau caractère (1460); tableaux : Décollation de saint Jean-Baptiste; saint Alexis, d'Andrea del Sarto; plusieurs œuvres de Tassel (XVII° s.); autre tableau très estimé (Saint Luce, pape, refusant d'adorer une idole); arbre de Jessé, sculpté en plein mur dans la chapelle Saint-Nicolas. — *Chapelle du lycée* (mon. hist.), fondée par les Jésuites, et décorée à l'intérieur avec luxe. — *Tour Hautefeuille* (XI° s.), principal reste du palais des comtes de Champagne. — *Hôtel de ville* moderne. — *Hôtel de la préfecture et école normale*, également modernes. — Au *palais de justice*, magnifique salle d'assises. — Chapelle de l'*hôpital* (1750), surmontée d'un dôme très élevé. — Le *musée* possède un *Christ* d'Albert Dürer, une très ancienne statue de Jean de Châteauvillain et quelques bons tableaux modernes. — *Bibliothèque* (40,000 vol., 160 manuscrits). —La *promenade du Boulingrin* (plusieurs allées de tilleuls convergeant vers un jardin et une place décorée d'une fontaine en bronze) précède le *fort Lambert* (casernes).

— Magnifique *viaduc* du chemin de fer de Paris à Belfort, hardiment jeté sur la Suize, et haut au milieu de 50 mèt. au-dessus du fond de la vallée; trois rangées d'arcades superposées; longueur totale, 600 mètres.

Chaumont-la-Ville, 409 h., c. de Bourmont.

Chevillon, 1,250 h., ch.-l. de c. de l'arrond. de Vassy, dans un vallon pittoresque, près de la Marne. ⤳ Maison ayant appartenu au chroniqueur Joinville.

Chézeaux, 501 h., c. de Varennes.

Choignes, 209 h., c. de Chaumont.

Choilley, 204 h., c. de Prauthoy.

Choiseul, 252 h., c. de Clefmont.

Ciergues (Saint-), 329 h., c. de Langres.

Cirey-les-Mareilles, 231 h., c. d'Andelot.

Cirey-sur-Blaise, 554 h., c. de Doulevant. ⤳ Le château (XVII° et XVIII° s., avec donjon carré plus ancien), où l'on montre la chambre de Voltaire, appartint à Mme du Châtelet : il fut, de 1733 à 1749, un centre de réunion pour les littérateurs et les savants.

Cirfontaines-en-Azois, 536 h., c. de Châteauvillain.

Cirfontaines-en-Ornoy, 312 h., c. de Poissons.

Clefmont, 454 h., ch.-l. de c. de l'arrond. de Chaumont, sur une colline dominant la Meuse. ⤳ Vieux château.

Clinchamp, 491 h., c. de Bourmont.

Cohons, 519 h., c. de Longeau.

Coiffy-le-Bas, 692 h., c. de Varennes.

Coiffy-le-Haut, 960 h., c. de Bourbonne-les-Bains. ⤳ Château ruiné.

Colmiers-le-Bas, 97 h., c. d'Auberive.

Colmiers-le-Haut, 209 h., c. d'Auberive.

Colombey-lès-Choiseul, 491 h., c. de Clefmont. ⤳ Dans l'église, statue attribuée à Bouchardon.

Colombey-les-Deux-Églises, 698 h., c. de Juzennecourt.

Condes, 143 h., c. de Chaumont. ⤳ Joli château avec parc; belles eaux.

Consigny, 299 h., c. d'Andelot.
Corgirnon, 526 h., c. de Fayl-Billot.
Corlée, 225 h., c. de Langres.
Coublanc, 420 h., c. de Prauthoy. ⟶ Château. — Source abondante sortant d'une grotte.
Coupray, 338 h., c. d'Arc.
Cour-l'Évêque, 270 h., c. d'Arc.
Courcelles-en-Montagne, 305 h., c. de Langres. ⟶ Tumulus.
Courcelles-sur-Aujon, 218 h., c. d'Auberive.
Courcelles-sur-Blaise, 255 h., c. de Doulevant.
Courcelles-Val-d'Esnoms, 378 h., c. de Prauthoy.
Couzon, 95 h., c. de Prauthoy.
Créancey, 464 h., c. de Châteauvillain.
Crenay, 309 h., c. de Chaumont. ⟶ Château à Rochevillers.
Crête (La), 29 h., c. d'Andelot. ⟶ Ancienne abbaye, fondée au XIIe s.
Culmont, 401 h., c. de Langres.
Curel, 571 h., c. de Chevillon.
Curmont, 54 h., c. de Juzennecourt.
Cusey, 586 h., c. de Prauthoy. ⟶ Ruines d'un château fort.
Cuves, 150 h., c. de Clefmont.
Daillancourt, 295 h., c. de Vignory.
Daillecourt, 250 h., c. de Clefmont.
Dammartin, 648 h., c. de Montigny. ⟶ Château.
Dampierre, 1,125 h., c. de Neuilly.
Damrémont, 803 h., c. de Bourbonne-les-Bains.
Dancevoir, 646 h., c. d'Arc.
Dardenay, 112 h., c. de Prauthoy.
Darmannes, 292 h., c. d'Andelot.
Dinteville, 290 h., c. de Châteauvillain.
Dizier (Saint-), 12,734 h., ch.-l. de c. de l'arrond. de Vassy, sur la Marne, au confluent de l'Ornel. ⟶ Église; portail ogival. — Église du faubourg de Gigny, restaurée avec goût, il y a quelques années; chapelle romane. — Hôtel de ville de 1824. — Belle chapelle ogivale moderne, à flèche élancée, du collège ecclésiastique, installé dans un magnifique couvent. — Château ruiné. — Promenades du Jars et du Fort-Carré.
Domblain, 191 h., c. de Vassy.

Dommarien, 373 h., c. de Prauthoy.
Dommartin-le-Franc, 374 h., c. de Vassy.
Dommartin-le-Saint-Père, 648 h., c. de Doulevant.
Domremy, 278 h., c. de Doulaincourt.
Doncourt, 185 h., c. de Bourmont.
Donjeux, 638 h., c. de Doulaincourt. ⟶ Église du XIIe s.; belle porte ogivale; fresques représentant les Apôtres. — Château avec parc.
Donnemarie, 284 h., c. de Nogent.
Doulaincourt, 985 h., ch.-l. de c. de l'arrond. de Vassy.
Doulevant, 685 h., ch.-l. de c. de l'arrond. de Vassy, sur la Blaise. ⟶ Église des XIIIe et XVe s.; porte de la Renaissance; restes d'anciens vitraux. — Château moderne.
Doulevant-le-Petit, 67 h., c. de Vassy.
Droyes, 900 h., c. de Montier-en-Der. ⟶ Nombreux restes du moyen âge. — Église romane avec chœur ogival et verrières.
Échenay, 204 h., c. de Poissons.
Éclaron, 968 h., c. de Saint-Dizier. ⟶ Église du XVe s. inachevée.
Écot, 196 h., c. d'Andelot. ⟶ La Peutte, fosse-gouffre qui s'emplit d'eau et déborde souvent.
Effincourt, 244 h., c. de Poissons.
Enfonvelle, 501 h., c. de Bourbonne-les-Bains.
Épinant, 250 h., c. de Montigny.
Épizon, 356 h., c. de Poissons.
Ériseul, 83 h., c. d'Auberive.
Esnoms, 440 h., c. de Prauthoy.
Esnouveaux, 357 h., c. de Nogent.
Essey-les-Eaux, 205 h., c. de Nogent.
Essey-les-Ponts, 199 h., c. de Châteauvillain.
Euffigneix, 211 h., c. de Chaumont.
Eurville, 1,511 h., c. de Chevillon. ⟶ Joli château moderne. — Beau pont en pierre de 3 arches, sur la Marne.
Farincourt, 278 h., c. de Fayl-Billot.
Faverolles, 356 h., c. de Langres.
Fayl-Billot, 2,299 h., ch.-l. de c.

de l'arrond. de Langres. ⟹ Belle église moderne.

Fays, 156 h., c. de Vassy.
Ferrières-et-Lafolie, 235 h., c. de Joinville.
Flagey, 199 h., c. de Longeau.
Flammerécourt, 226 h., c. de Doulevant.
Flornoy, 158 h., c. de Vassy.
Fontaine-sur-Marne, 362 h., c. de Chevillon. ⟹ La Haute-Borne, pyramide grossière haute de 6 mèt. 82 cent. et portant l'inscription *Viromanus. i. stat. i j. i. f.* On l'a prise longtemps pour un monument mégalithique; on pense aujourd'hui qu'elle faisait partie d'un aqueduc romain.
Forcey, 247 h., c. d'Andelot.
Foulain, 290 h., c. de Nogent.
Frampas, 250 h., c. de Montier-en-Der. ⟹ Château.
Frécourt, 304 h., c. de Neuilly.
Fresnes-sur-Apance, 1,055 h., c. de Bourbonne-les-Bains.
Fresnoy, 515 h., c. de Montigny.
Frettes, 472 h., c. de Fayl-Billot.
Froncles, 644 h., c. de Vignory.
Fronville, 474 h., c. de Joinville.
Genevrières, 512 h., c. de Fayl-Billot.
Genevroye (La), 24 h., c. de Vignory.
Genrupt, 176 h., c. de Bourbonne-les-Bains.
Geosmes (Saint-), 452 h., c. de Langres. ⟹ Église (mon. hist.) du commencement du XIIIe s.; crypte du IXe s.; belle piscine.
Germaines, 125 h., c. d'Auberive.
Germainvilliers, 283 h., c. de Bourmont.
Germay, 207 h., c. de Poissons.
Germisay, 144 h., c. de Poissons.
Giey-sur-Aujon, 374 h., c. d'Auberive. ⟹ Château ruiné. — Restes du prieuré de Vauclair.
Gillancourt, 271 h., c. de Juzennecourt.
Gillaumé, 72 h., c. de Poissons.
Gilley, 512 h., c. de Fayl-Billot.
Gonaincourt, 150 h., c. de Bourmont.
Goncourt, 557 h., c. de Bourmont.
Gourzon, 405 h., c. de Chevillon. ⟹ Sur la colline du Châtelet, vestiges importants d'une ville gallo-romaine.
Graffigny-Chemin, 704 h., c. de Bourmont.
Grandchamp, 227 h., c. de Longeau.
Grenant, 517 h., c. de Fayl-Billot.
Gudmont, 524 h., c. de Doulaincourt.
Guindrecourt-aux-Ormes, 297 h., c. de Joinville.
Guindrecourt-sur-Blaise, 189 h., c. de Vignory.
Guyonvelle, 518 h., c. de la Ferté.
Hâcourt, 109 h., c. de Bourmont.
Hallignicourt, 516 h., c. de Saint-Dizier.
Harméville, 134 h., c. de Poissons.
Harréville, 516 h., c. de Bourmont.
Harricourt, 154 h., c. de Juzennecourt.
Heuilley-Cotton, 495 h., c. de Longeau.
Heuilley-le-Grand, 451 h., c. de Longeau.
Hoëricourt, 355 h., c. de St-Dizier.
Hortes, 1,280 h., c. de Varennes.
Huilliécourt, 413 h., c. de Bourmont.
Humbécourt, 502 h., c. de Saint-Dizier. ⟹ Belle église du XIVe s., inachevée.
Humberville, 219 h., c. de St-Blin.
Humes, 514 h., c. de Langres.
Illoud, 527 h., c. de Bourmont.
Is-en-Bassigny, 854 h., c. de Nogent.
Isômes, 249 h., c. de Prauthoy. ⟹ Église romane (mon. hist.); clocher carré, de la seconde moitié du XIIe s., terminé par une flèche octogonale en pierre, et le plus curieux du département.
Joinville, 3,904 h., ch.-l. de c. de l'arrond. de Vassy, sur la Marne. ⟹ *Église Notre-Dame* (mon. hist.), en partie des XIIe, XIIIe et XVIe s., partie moderne. — Enclos du *Grand-Jardin*, au milieu duquel s'élève le *Petit-Château*, ancienne maison de plaisance des ducs de Guise, édifice de la Renaissance, récemment restauré. — *Hôpital Sainte-Croix* (XVIe s.), réparé en 1864 (portraits de plusieurs princes de la maison de Guise; émaux précieux). — Dans l'hô-

Petit-Château de Joinville.

tel de ville, ancienne tapisserie des Gobelins, boiseries du xv° s., deux statues en marbre blanc sculptées par Dominique le Florentin. — Dans le cimetière, *chapelle Sainte-Anne* (1502) et *monument* commémoratif élevé par Louis-Philippe et recouvrant les restes, dispersés pendant la Révolution, des sires de Joinville, des ducs et princesses de Lorraine et des ducs de Guise, dont les tombeaux formaient jadis l'ornement de l'église. — *Statue* (1861) *du sire de Joinville*, par Lescorné.

Jonchery, 308 h., c. de Chaumont.
Jorquenay, 194 h., c. de Langres. ⟶ Dans l'église, Vierge du xiii° s.
Juzennecourt, 506 h., ch.-l. de c. de l'arrond. de Chaumont, sur la Blaise. ⟶ Château du xvii° s.
Lafauche, 177 h., c. de Saint-Blin.
Laferté-sur-Amance, 635 h., ch.-l. de c. de l'arr. de Langres. ⟶ Église ogivale moderne.
Laferté-sur-Aube, 1,059 h., c. de Châteauvillain.
Laharmand, 147 h., c. de Chaumont.
Lamargelle, 74 h., c. d'Auberive.
Lamothe, 298 h., c. de Juzennecourt.
Landéville, 57 h., c. de Doulaincourt.
Laneuvelle, 505 h., c. de Varennes.
Laneuville-à-Bayard, 238 h., c. de Chevillon.
Laneuville-à-Remy, 205 h., c. de Vassy. ⟶ Dans le château, chambre qu'habita Voltaire.
Laneuville-au-Bois, 184 h., c. de Poissons.
Laneuville-au-Pont, 111 h., c. de Saint-Dizier.
Langres, 10,376 h., ch.-l. d'arrond., place forte de première classe (12 forts détachés), sur une colline escarpée et exposée aux vents et aux frimas, entre la Bonnelle et la Marne, à 478 mèt. d'altit. ⟶ La *cathédrale Saint-Mammès* (mon. hist.) date de la fin du xii° s. (le grand portail a été refait, avec les deux tours, en 1768). On y remarque : les cannelures des pilastres et les chapiteaux des colonnes imités de l'antique, 2 belles statues, dues à 2 artistes langrois; la salle du chapitre, la galerie dite *cloître des Chanoines*, beau monument du milieu du xiii° s., et des fonts baptismaux en pierre (xiii° s.); un beau carrelage du xvi° s.; dans la magnifique chapelle du chapitre, 7 tableaux, dont 2 de Tassel. Du haut des tours, belle vue. — *L'église Saint-Martin* (5 nefs), du xiii° s., a des parties du xvi° s., et d'autres plus récentes; élégant clocher du xviii° s., haut de 52 mèt. 60 c.; *Christ* du xvi° s., l'une des plus belles sculptures sur bois que l'on connaisse, œuvre attribuée à Gentil, élève du Primatice; *Martyre de saint Simon*, par Tassel. — *L'arc de triomphe* ou *porte gallo-romaine* (mon. hist.) était l'une des quatre entrées de la cité romaine. — *Porte des Moulins* (1647). — *Maisons* de la Renaissance et autres maisons anciennes, d'aspect monumental. — Le *musée archéologique* (1,200 médailles, série épigraphique importante, antiquités gallo-romaines) est établi dans l'ancienne *église* romane *de Saint-Didier* (mon. hist.). — *Musée des tableaux*, toiles de Ziegler, originaire de Langres; sculptures modernes. — *Remparts* (4 kil. de circuit), rétablis récemment (tours du xvi° s.). — *Citadelle* à huit bastions, construite sous Louis-Philippe. — Belle promenade de *Blanche-Fontaine*.

Lannes, 778 h., c. de Neuilly.
Lanques, 476 h., c. de Nogent.
Lanty, 394 h., c. de Châteauvillain.
Larivière, 784 h., c. de Bourbonne-les-Bains.
Latrecey, 703 h., c. de Châteauvillain.
Lavernoy, 257 h., c. de Varennes.
Laville-au-Bois, 260 h., c. de Chaumont.
Lavilleneuve, 211 h., c. de Montigny.
Lavilleneuve-au-Roi, 274 h., c. de Juzennecourt.
Lavilleneuve-aux-Fresnes, 74 h., c. de Juzennecourt.
Lecey, 325 h., c. de Neuilly.
Lécourt, 185 h., c. de Montigny.
Leffonds, 638 h., c. d'Arc.
Lénizeul, 221 h., c. de Clefmont.

Leschères, 385 h., c. de Doulevant.
Leuchey, 212 h., c. de Prauthoy.
Leurville, 273 h., c. de Saint-Blin.
Levécourt, 342 h., c. de Bourmont.
Lezéville, 203 h., c. de Poissons.
Liffol-le-Petit, 428 h., c. de St-Blin.
Loges (Les), 544 h., c. de Fayl-Billot.
Longchamp, 181 h., c. de Clefmont.
Longeau, 417 h., ch.-l. de c. de l'arrond. de Langres.
Longeville, 840 h., c. de Montier-en-Der. ⟶ Ancienne abbaye de Boulancourt.

Cathédrale de Langres.

⟶ Église du xiii⁰ s.; autel roman.
Loup (Saint-), 286 h., c. d'Auberive.
Louvemont, 978 h., c. de Vassy.
Louvières, 256 h., c. de Nogent.
Louze, 726 h., c. de Montier-en-Der. ⟶ Dans l'église, du xv⁰ s., fragments d'anciens vitraux.
Luzy, 287 h., c. de Chaumont.
Maâtz, 272 h., c. de Prauthoy.
Maconcourt, 132 h., c. de Doulaincourt.
Magneux, 239 h., c. de Vassy.
Maisoncelles, 157 h., c. de Clefmont.
Maizières, 313 h., c. de Chevillon.

Maizières-sur-Amance, 478 h., c. de la Ferté.

Malaincourt, 186 h., c. de Bourmont.

Mancine (La), 128 h., c. de Vignory.

Mandres, 611 h., c. de Nogent.

Manois, 859 h., c. de Saint-Blin.

Marac, 400 h., c. de Langres. →→ Château. — Dans le bois de Vaivres, ruines d'une forteresse attribuée aux Romains.

Maranville, 460 h., c. de Juzennecourt. →→ Vieux château, près de l'Aujon, au pied des collines que couronnent les bois de Barmont. — Dans le cimetière, deux magnifiques statues provenant de l'abbaye de Clairvaux.

Marault, 472 h., c. de Vignory. →→ Dans l'église, pierres tumulaires du xvie s. — Restes d'un château entouré de fossés.

Marbéville, 242 h., c. de Vignory.

Marcilly, 655 h., c. de Varennes. →→ A la ferme de Presle, chapelle du xiiie s., avec peintures murales de la même époque.

Mardor, 128 h., c. de Langres.

Mareilles, 508 h., c. d'Andelot.

Marmesse, 135 h., c. de Châteauvillain.

Marnay, 409 h., c. de Nogent.

Martin (Saint-), 285 h., c. de Juzennecourt.

Martin-lès-Langres (Saint-), 149 h., c. de Langres.

Mathons, 263 h., c. de Joinville.

Maulain, 286 h., c. de Montigny.

Maurice (Saint-), 97 h., c. de Langres.

Melay, 1,374 h., c. de Bourbonnes-Bains.

Mennouveaux, 189 h., c. de Clefmont.

Merrey, 220 h., c. de Clefmont.

Mertrud, 615 h., c. de Doulevant.

Meures, 278 h., c. de Juzennecourt.

Meuse, 215 h., c. de Montigny.

Meuvy, 556 h., c. de Clefmont.

Michel (Saint-), 260 h., c. de Longeau.

Millières, 433 h., c. de Clefmont.

Mirbel, 110 h., c. de Vignory.

Moëslains, 182 h., c. de Saint-Dizier, sur la Marne. →→ Église (mon. hist.) des xiie et xiiie s.; statue colossale de saint Aubin.

Montcharvot, 218 h., c. de Bourbonne-les-Bains.

Montesson, 181 h., c. de la Ferté.

Montheries, 218 h., c. de Juzennecourt.

Montier-en-Der, 1,443 h., ch.-l. de c. de l'arrond. de Vassy, sur la Voire, près de la forêt du Der. →→ Église remarquable (mon. hist.), jadis abbatiale, aujourd'hui paroissiale, nouvellement restaurée; nef du xie s.; chœur magnifique du commencement du xiiie s.; au-dessus des bas-côtés, galeries surmontées elles-mêmes d'un beau triforium. — Dépôt d'étalons occupant de belles écuries.

Montigny-le-Roi, 1,155 h., ch.-l. de c. de l'arr. de Langres, sur une montagne entre la Traire et la Meuse, à 438 mèt. d'altitude.

Montlandon, 405 h., c. de Neuilly.

Montormentier, 65 h., c. de Prauthoy.

Montot, 212 h., c. d'Andelot.

Montreuil-sur-Blaise, 173 h., c. de Vassy.

Montreuil-sur-Thonnance, 354 h., c. de Poissons.

Montribourg, 147 h., c. de Châteauvillain.

Montsaon, 167 h., c. de Chaumont. →→ Camp romain.

Montsaugeon, 254 h., c. de Prauthoy. →→ Église; chœur (mon. hist.) du xie s.; belle verrière et boiseries sculptées du xviie s. — Monticule isolé qui portait un château fort, détruit par Henri IV. — Restes d'un grenier à sel.

Morancourt, 359 h., c. de Vassy.

Morionvilliers, 109 h., c. de Saint-Blin. →→ Château ruiné.

Morteau, 15 h., c. d'Andelot. →→ Dans l'église, tombes du xiiie s.

Mouilleron, 62 h., c. d'Auberive.

Musseau, 141 h., c. d'Auberive.

Mussey, 542 h., c. de Doulaincourt.

Narcy, 419 h., c. de Chevillon.

Château du Pailly.

Neuilly-l'Évêque, 1,135 h., ch.-l. de c. de l'arrond. de Langres.
Neuilly-sur-Suize, 204 h., c. de Chaumont. ⇒ Château du xviie s., restauré.
Neuvelle-lès-Voisey, 415 h., c. de la Ferté.
Nijon, 358 h., c. de Bourmont. ⇒ Dans l'église, pierres tumulaires.
Ninville, 277 h., c. de Nogent.
Nogent-le-Roi, 3,655 h., ch.-l. de c. de l'arrond. de Chaumont, sur une colline escarpée baignée par la Traire.
Noidant-Chatenoy, 259 h., c. de Longeau.
Noidant-le-Rocheux, 437 h., c. de Langres. ⇒ Église du xive s. — 2 maisons à créneaux et meurtrières.
Nomécourt, 311 h., c. de Joinville.
Noncourt, 454 h., c. de Poissons. ⇒ Château. — Restes de retranchements sur la montagne de la Chatée.
Noyers, 301 h., c. de Clefmont.
Nully, 525 h., c. de Doulevant. ⇒ Dans l'église (xvie s.), caveau sépulcral des d'Orgemont. — Beau parc d'un ancien château en ruines ; murailles flanquées de quatre tours.
Occey, 348 h., c. de Prauthoy.
Odival, 328 h., c. de Nogent.
Orbigny-au-Mont, 335 h., c. de Neuilly. ⇒ Dans l'église, fonts baptismaux très anciens.
Orbigny-au-Val, 219 h., c. de Neuilly.
Orcevaux, 148 h., c. de Longeau.
Orges, 847 h., c. de Châteauvillain, sur la fontaine d'Orges, qui fait mouvoir des forges et se jette presque aussitôt dans l'Aujon. ⇒ Ancien château.
Ormancey, 234 h., c. de Langres. ⇒ Ruines d'un château fort.
Ormoy-lès-Sexfontaines, 147 h., c. de Vignory.
Ormoy-sur-Aube, 276 h., c. de Châteauvillain. ⇒ Château du xvie s.
Orquevaux, 240 h., c. de Saint-Blin. ⇒ Cul-du-Cerf, espèce de gouffre en entonnoir d'où sort la Manoise. — Joli château Louis XV.
Osne-le-Val, 1,505 h., c. de Chevillon. ⇒ Belles fonderies.
Oudincourt, 540 h., c. de Vignory.
Outremécourt, 295 h., c. de Bourmont.
Ozières, 158 h., c. de Bourmont.
Pailly (Le), 366 h., c. de Longeau. ⇒ Magnifique château bâti en 1563 par Tavannes et récemment restauré ; il en reste une façade et deux ailes, le reste ayant été détruit en 1576. Le principal corps de logis se termine, au S.-O., par un pavillon très élégant, composé de deux étages ornés de sculptures et soutenus par des colonnes cannelées. — L'aile attenante à ce pavillon offre une tourelle à jour charmante. A l'extrémité de l'aile N. est le donjon (murs de 3 mèt. d'épaisseur), grosse tour carrée surmontée de quatre tourelles à jour et antérieure aux constructions de la Renaissance. — A l'intérieur, vastes salles ornées de colonnes et de sculptures ; cheminées à bas-reliefs ; dorures et peintures à fresque dans une salle de la grosse tour.
Palaiseul, 126 h., c. de Longeau.
Pancey, 258 h., c. de Poissons.
Parnot, 775 h., c. de Bourbonne-les-Bains.
Paroy, 178 h., c. de Poissons. ⇒ Sur la montagne qui domine la forge, demi-lune entourée de fossés et appelée le Champ des Sarrasins.
Pautaines, 175 h., c. de Doulaincourt.
Peigney, 217 h., c. de Langres.
Percey-le-Pautel, 160 h., c. de Longeau. ⇒ Ancien château bien conservé.
Percey-le-Petit, 169 h., c. de Prauthoy. ⇒ Ancien château bien conservé ; 4 tours carrées ; fossés profonds.
Perrancey, 299 h., c. de Langres. ⇒ Dans une gorge, au-dessus d'Arbelatte, ruines d'une commanderie de Templiers.
Perrogney, 264 h., c. de Longeau. ⇒ Tumulus.
Perrusse, 247 h., c. de Clefmont.
Perthes, 703 h., c. de Saint-Dizier ⇒ Restes de constructions romaines. — Belle église du xiiie s., récemment restaurée.
Piépape, 240 h., c. de Longeau.
Pierrefaites, 552 h., c. de la Ferté.

Château du Pailly (cour intérieure).

Pierrefontaines, 62 h., c. de Longeau.

Pisseloup, 250 h., c. de la Ferté.

Planrupt, 397 h., c. de Montier-en-Der.

Plesnoy, 370 h., c. de Neuilly.

Poinsenot, 133 h., c. d'Auberive.

Poinson-lès-Fayl, 458 h., c. de Fayl-Billot.

Poinson-lès-Grancey, 142 h., c. d'Auberive.

Poinson-lès-Nogent, 314 h., c. de Nogent.

Poiseul, 201 h., c. de Neuilly.

Poissons, 1,279 h., ch.-l. de c. de l'arrond. de Vassy, au confluent du Rongeant et de la Pisancelle. ⇒ Église ogivale (xvie s.); beau porche carré de la même époque; au trumeau de la porte, statue de saint Vincent ; au-dessus, dans le tympan, 2 bas-reliefs : la Nativité et l'Adoration des Mages, séparés par une image du Christ bénissant ; riche archivolte formée de trois zones concentriques et chargée de sculptures malheureusement badigeonnées.

Pont-la-Ville, 377 h., c. de Châteauvillain.

Pouilly, 559 h., c. de Bourbonne-les-Bains. ⇒ Source de la Meuse.

Poulangy, 739 h., c. de Nogent. ⇒ Ruines d'une abbaye de femmes.

Prangey, 416 h., c. de Longeau. ⇒ Ancien château entouré de fossés; façade du xviiie s. et jardins dessinés par Le Nôtre.

Praslay, 275 h., c. d'Auberive.

Pratz, 78 h., c. de Juzennecourt.

Prauthoy, 890 h., ch.-l. de c. de l'arrond. de Langres.

Pressigny, 766 h., c. de Fayl-Billot.

Prez-sous-Lafauche, 568 h., c. de Saint-Blin.

Prez-sur-Marne, 250 h., c. de Chevillon.

Provenchères-sur-Marne, 142 h., c. de Doulaincourt. ⇒ Église du xiiie s.

Provenchères, 621 h., c. de Montigny.

Puellemontier, 482 h., c. de Montier-en-Der. ⇒ Ancienne abbaye de la Chapelle-aux-Planches ; église, portail et nef romans; chœur du xve s ; beaux vitraux du xvie s. — Château

Puits-des-Mèzes (Le), 255 h., c. de Chaumont.

Rachecourt-sur-Blaise, 152 h., c de Vassy.

Rachecourt-sur-Marne, 679 h., c de Chevillon.

Rançonnières, 316 h., c. de Varennes.

Rangecourt, 255 h., c. de Clefmont.

Ravennefontaines, 224 h., c. de Montigny.

Récourt, 275 h., c. de Montigny

Rennepont, 285 h., c. de Juzennecourt. ⇒ Dans l'église, chapelle seigneuriale restaurée.

Reynel, 517 h., c. d'Andelot. ⇒ Beau château, dans une magnifique situation ; restes de la chapelle castrale (xve s.).

Riaucourt, 591 h., c. de Chaumont ⇒ Dans l'église, curieuse inscription du xvie s.

Richebourg, 514 h., c. d'Arc.

Rimaucourt, 1,046 h., c. d'Andelot. ⇒ Restes de constructions romaines. — Château et très beau parc.

Rivières-le-Bois, 274 h., c. de Longeau.

Rivières-les-Fossés, 646 h., c. de Prauthoy.

Rizaucourt, 500 h., c. de Juzennecourt.

Robert-Magny, 428 h., c. de Montier-en-Der. ⇒ Dans l'église, très beaux vitraux.

Rochefort, 208 h., c. d'Andelot.

Roches-sur-Marne, 507 h., c. de Saint-Dizier. ⇒ Château ruiné.

Roches-sur-Rognon, 685 h., c. de Doulaincourt.

Rochetaillée, 279 h., c. d'Auberive. ⇒ Ruines d'un château fort.

Rolampont, 1,389 h., c. de Neuilly.

Romain-sur-Meuse, 540 h., c. de Bourmont.

Roôcourt-la-Côte, 278 h., c. de Vignory. ⇒ Église ayant appartenu à un établissement de Templiers. — Restes d'un château fort.

Rosoy, 551 h., c. de Fayl-Billot.

Rouécourt, 222 h., c. de Doulaincourt.

Rouelles, 125 h., c. d'Auberive.
Rougeux, 405 h., c. de Fayl-Billot.
Rouvres-sur-Aube, 586 h., c. d'Auberive. ⇒ Joli château du xviie s. — Château d'Étuf; fontaine pétrifiante dont les eaux sont analogues à celles de la fontaine Saint-Allyre, à Clermont Puy-de-Dôme.
Rouvroy, 342 h., c. de Doulaincourt.
Rozières, 515 h., c. de Montier-en-Der.
Rupt, 545 h., c. de Joinville.
Sailly, 255 h., c. de Poissons.
Santenoge, 152 h., c. d'Auberive.
Sarcey, 165 h., c. de Nogent.
Sarcicourt, 501 h., c. de Chaumont.
Sarrey, 595 h., c. de Montigny.
Saucourt, 249 h., c. de Doulaincourt.
Saudron, 175 h., c. de Poissons. ⇒ Dans l'église, au-dessus d'une longue inscription rappelant les faits et gestes d'un sieur de Tornefac, fresque représentant ce seigneur à genoux, au milieu des instruments de la Passion.
Saules, 410 h., c. de Fayl-Billot. ⇒ Château.
Saulxures, 560 h., c. de Montigny. ⇒ Église fort ancienne; curieuses pierres tombales.
Sauvage-Magny, 153 h., c. de Montier-en-Der.
Savigny, 255 h., c. de Fayl-Billot.
Semilly, 278 h., c. de Saint-Blin.
Semoutiers, 218 h., c. de Chaumont.
Serqueux, 1.401 h., c. de Bourbonne-les-Bains. ⇒ Dans le cimetière, belle croix gothique à personnages sculptés.
Seuchey, 45 h., c. de Fayl-Billot.
Sexfontaines, 394 h., c. de Juzennecourt.
Signéville, 188 h., c. d'Andelot.
Silvarouvres, 271 h., c. de Châteauvillain.
Sommancourt, 158 h., c. de Vassy.
Sommerécourt, 229 h., c. de Bourmont.
Sommermont, 192 h., c. de Joinville.
Sommeville, 507 h., c. de Chevillon.
Sommevoire, 1,256 h., c. de Montier-en-Der. ⇒ Église du xiie s., très bien restaurée de nos jours (clocher, porche et nef du xiiie s.; belles verrières de Claude Lavergne. — Restes d'un château du xve s.
Soncourt, 405 h., c. de Vignory.
Soulaincourt, 85 h., c. de Poissons.
Soulaucourt, 414 h., c. de Bourmont.
Soyers, 427 h., c. de la Ferté.
Suzannecourt, 574 h., c. de Joinville.
Suzémont, 52 h., c. de Vassy.
Ternat, 146 h., c. d'Auberive.
Thiébaud (Saint-), 279 h., c. de Bourmont.
Thilleux, 152 h., c. de Montier-en-Der.
Thivet, 585 h., c. de Nogent. ⇒ Dans le bois des Mortots, au Monastère, restes considérables d'anciennes constructions.
Thol-lès-Millières, 177 h., c. de Clefmont.
Thonnance-lès-Joinville, 1,288 h., c. de Joinville.
Thonnance-les-Moulins, 284 h., c. de Poissons.
Torcenay, 599 h., c. de Fayl-Billot.
Tornay, 184 h., c. de Fayl-Billot.
Treix, 165 h., c. de Chaumont.
Trémilly, 192 h., c. de Doulevant. ⇒ Église du xve s.; fragments de vitraux. — Joli château de 1720; très beau parc.
Troischamps, 222 h., c. de Varennes.
Troisfontaines, 200 h., c. de Vassy. ⇒ Ancienne église abbatiale du xiie s. (mon. hist.).
Tronchoy, 167 h., c. de Neuilly.
Urbain (Saint-), 1,048 h., c. de Doulaincourt. ⇒ Ruines remarquables d'une abbaye de Bénédictins dont la fondation est attribuée à Charles le Chauve.
Vaillant, 190 h., c. de Prauthoy.

Valcourt, 258 h., c. de Saint-Dizier.
Valdelancourt, 129 h., c. de Juzennecourt.
Vallerest, 153 h., c. de Vassy.
Valleroy, 130 h., c. de Fayl-Billot.
Vallier (Saint-), 180 h., c. de Langres.
Varennes-sur-Amance, 1,252 h., ch.-l. de c. de l'arrond. de Langres.
Vassy, 5,284 h., ch.-l. d'arrond., sur la Blaise. ⟶ Les rues de Vassy, assez pittoresques, sont bordées d'anciennes *maisons*. — Le sanctuaire, la belle tour et le transsept de *l'église* datent du xi⁰ s ; le portail, mutilé, est du xiii⁰ s.; les chapelles latérales, des xv⁰ et xvi⁰ s.; la tour est remarquable; autel en marbre, boiseries du chœur; retable de la chapelle de la Vierge et deux reliquaires provenant de l'abbaye de Saint-Urbain. — *Hôtel de ville* et *hospice* de 1750. — Belles *promenades*.
Vaudrecourt, 105 h., c. de Bourmont.
Vaudrémont, 280 h., c. de Juzennecourt. ⟶ Château moderne avec parc.
Vauxbons, 163 h., c. de Langres. ⟶ Église d'une ancienne abbaye.
Vaux-la-Douce, 170 h., c. de la Ferté. ⟶ Ancienne abbaye de l'ordre de Cîteaux, fondée en 1152.
Vaux-sous-Aubigny, 554 h., c. de Prauthoy.
Vaux-sur-Blaise, 576 h., c. de Vassy.
Vaux-sur-Saint-Urbain, 254 h., c. de Doulaincourt. ⟶ Église du xiii⁰ s.
Vecqueville, 612 h., c. de Joinville.
Velles, 288 h., c. de la Ferté.
Verbiesles, 197 h., c. de Chaumont. ⟶ Abbaye du Val-des-Écoers, fondée en 1211; il en reste le château de l'abbé.
Verseilles-le-Bas, 115 h., c. de Longeau.
Verseilles-le-Haut, 78 h., c. de Longeau.
Vesaignes-sous-Lafauche, 558 h., c. de Saint-Blin.
Vesaignes-sur-Marne, 255 h., c. de Nogent.

Vesvres-sous-Chalancey, 151 h., c. de Prauthoy.
Vicq, 938 h., c. de Varennes.
Vieux-Moulins, 202 h., c. de Langres.
Viéville, 527 h., c. de Vignory. ⟶ Restes de constructions romaines. — Ruines d'un château détruit vers la fin du xiv⁰ s. — Étroite et pittoresque vallée de la Vaux, où l'on remarque la grotte de la Cave de la Roche et d'énormes rochers dont le plus grand est appelé la Roche-Bernard.
Vignes, 117 h., c. d'Andelot.
Vignory, 591 h., ch.-l. de c. de l'arrond. de Chaumont. ⟶ Église très remarquable, bâtie vers 1040 (mon. hist.). Longue à l'intérieur de 50 mèt., elle a des bas-côtés, un déambulatoire, et 3 chapelles rayonnantes. Les 5 nefs ne sont pas voûtées ; des tribunes sont ménagées sur les collatéraux. Le clocher, du xi⁰ s., est fort beau. On remarque à l'intérieur de belles statues des xiv⁰ et xv⁰ s., des bas-reliefs et un retable sculpté. — Beaux restes d'un château dont la fondation remonte, dit-on, au x⁰ s. et reconstruit au xiii⁰ s.; tour ronde, pan de mur, tourelle.
Villars-en-Azois, 361 h., c. de Châteauvillain.
Villars-Montroyer, 106 h., c. d'Auberive.
Villars-Saint-Marcellin, 590 h., c. de Bourbonne-les-Bains. ⟶ Église (mon. hist.) du xii⁰ s.; crypte.
Ville-en-Blaisois, 588 h., c. de Vassy. ⟶ Bâtiment d'une ancienne abbaye, très bien conservé et relié à l'église par une arcade.
Villegusien, 479 h., c. de Longeau.
Villemervry, 86 h., c. d'Auberive.
Villemoron, 122 h., c. d'Auberive.
Villiers-aux-Bois, 541 h., c. de Vassy.
Villiers-aux-Chênes, 138 h., c. de Doulevant.
Villiers-en-Lieu, 728 h., c. de Saint-Dizier.
Villiers-le-Sec, 485 h., c. de Chaumont.
Villiers-lès-Aprey, 156 h., c. de Longeau.

Église de Vassy.

Villiers-sur-Marne, 250 h., c. de Doulaincourt.

Villiers-sur-Suize, 128 h., c. d'Arc.

Violot, 298 h., c. de Longeau.

Vitry-en-Montagne, 128 h., c. d'Auberive.

Vitry-lès-Nogent, 406 h., c. de Nogent. ➻→ Dolmen dit Pierre-Alot.

Vivey, 157 h., c. d'Auberive. ➻→ Rocher d'où jaillissent, après les pluies, des sources impétueuses.

Voillecomte, 834 h., c. de Vassy.

Voisey, 1,556 h., c. de la Ferté. ➻→ Restes d'anciennes constructions.

Voisines, 269 h., c. de Langres.

Voncourt, 129 h., c. de Fayl-Billot.

Vouécourt, 551 h., c. de Vignory.

Vraincourt, 153 h., c. de Vignory.

Vroncourt, 159 h., c. de Bourmont

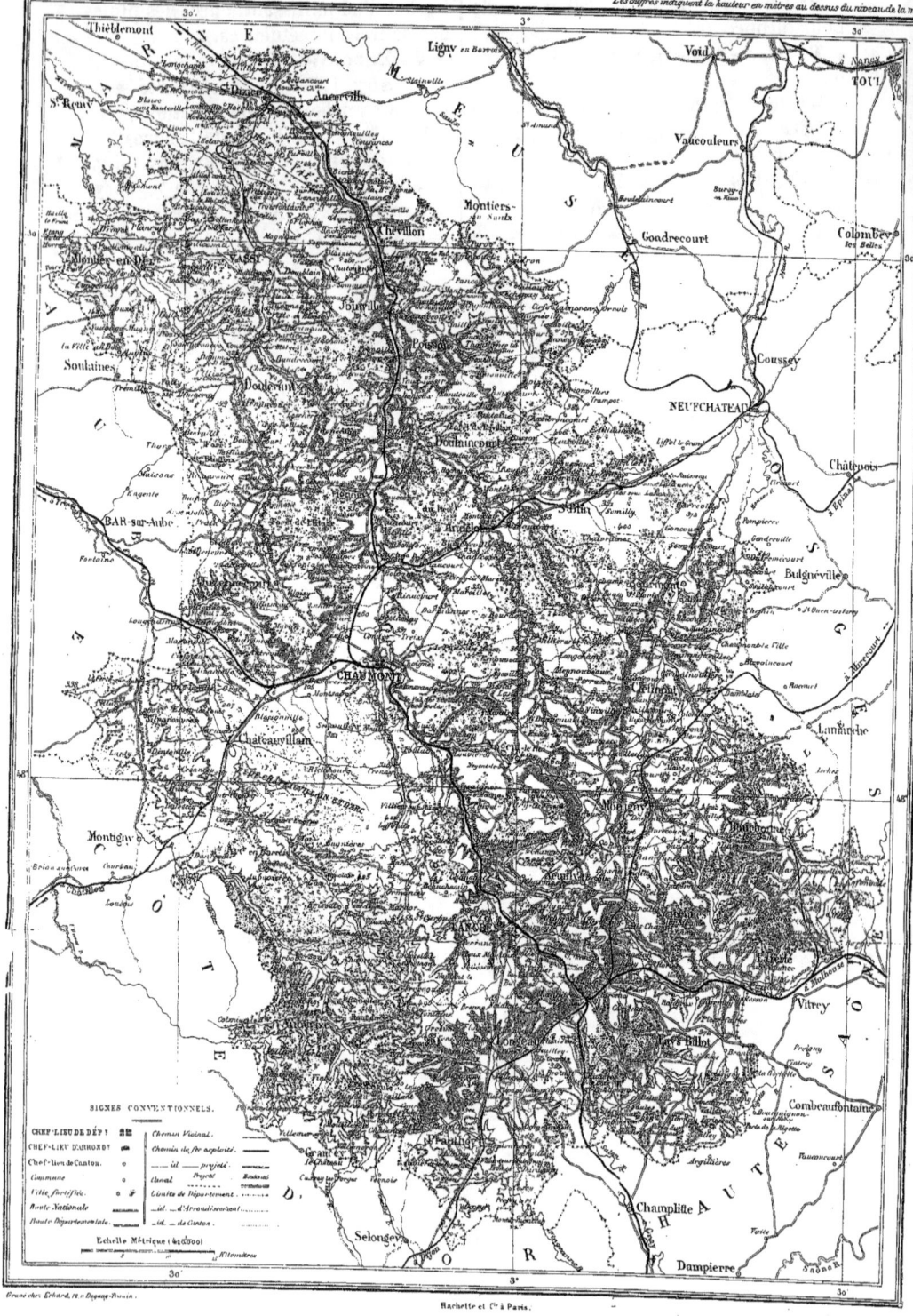

LIBRAIRIE HACHETTE ET Cⁱᵉ
A PARIS, BOULEVARD SAINT-GERMAIN, 79

NOUVELLE COLLECTION DES GÉOGRAPHIES DÉPARTEMENTALES
PAR AD. JOANNE
FORMAT IN-12 CARTONNÉ

Prix de chaque volume. . . . . 1 fr.

(*Février 1881*)

76 départements sont en vente

EN VENTE

Département	Gravures	Cartes	Département	Gravures	Cartes
Ain	11	1	Isère	10	1
Aisne	20	1	Jura	12	1
Allier	27	1	Landes	11	1
Alpes-Maritimes	15	1	Loir-et-Cher	13	1
Ardèche	12	1	Loire	16	1
Ariège	8	1	Loire-Inférieure	18	1
Aube	14	1	Loiret	22	1
Aude	9	1	Lot	8	1
Basses-Alpes	10	1	Lot-et-Garonne	12	1
Bouch.-du Rhône	21	1	Maine-et-Loire	22	1
Calvados	11	1	Manche	15	1
Cantal	14	1	Marne	12	1
Charente	15	1	Meurthe - et - Moselle	17	1
Charente-Infér.	14	1	Morbihan	13	1
Cher	12	1	Nièvre	9	1
Corrèze	11	1	Nord	17	1
Corse	11	1	Oise	10	1
Côte-d'Or	21	1	Orne	13	1
Côtes-du-Nord	10	1	Pas-de-Calais	9	1
Deux-Sèvres	14	1	Puy-de-Dôme	16	1
Dordogne	14	1	Pyrén.-Orient.	13	1
Doubs	15	1	Rhône	19	1
Drôme	15	1	Saône-et-Loire	23	1
Eure	15	1	Sarthe	16	1
Eure-et-Loir	17	1	Savoie	14	1
Finistère	16	1	Seine et Marne	13	1
Gard	12	1	Seine-et-Oise	17	1
Gers	11	1	Seine-Inférieure	15	1
Gironde	15	1	Somme	12	1
Haute-Garonne	12	1	Tarn	11	1
Haute-Marne	12	1	Tarn-et-Garonne	8	1
Haute-Saône	12	1	Var	12	1
Haute-Savoie	19	1	Vaucluse	16	1
Haute-Vienne	11	1	Vendée	14	1
Hautes-Alpes	18	1	Vienne	15	1
Hautes-Pyrénées	14	1	Vosges	16	1
Ille-et-Vilaine	14	1	Yonne	17	1
Indre	22	1			
Indre-et-Loire	21	1			

IMPRIMERIE A. LAHURE, RUE DE FLEURUS, 9, A PARIS.

www.ingramcontent.com/pod-product-compliance
Lightning Source LLC
LaVergne TN
LVHW051507090426
835512LV00010B/2399